Ein Tempel der Musen

Die Klosterbibliothek von St.Ga
in der Barockzeit

Führer durch die Ausstellung
in der Stiftsbibliothek St.Gallen
(27. November 1995 – 9. November 1996)

von
Karl Schmuki
und
Cornel Dora

Verlag am Klosterhof 1996
Auslieferung durch die Stiftsbibliothek

Zur ersten Umschlagseite

Der Tempel der Musen:
Das Handschriftenkabinett der Stiftsbibliothek
Aufnahme Carsten Seltrecht

ISBN 3-906616-40-1
Cavelti AG, Satz Druck Verlag, 9202 Gossau

Inhalt

Einleitung

«Auch im Aeußern», schreibt der Zürcher Pfarrer, Lehrer und Schriftsteller Leonhard Meister (1741–1811) in seinem *Historisch-geographisch-statistischen Lexikon der Schweiz* über die Bibliothek von St.Gallen, «verdient der Büchersaal mit Recht den Namen eines Tempels der Musen» (Bd. 1, Sp. 354). Waren Wert und Bedeutung der mittelalterlichen Handschriftenschätze der Klosterbibliothek den meisten Besuchern schon vor ihrem Aufenthalt in St.Gallen bekannt, so war mit dem Neubau des barocken Bibliothekssaals zwischen 1758 und 1767 ein dem Inhalt adäquates Gehäuse geschaffen worden. Als «Musentempel» bezeichnet zu werden kam einer hohen Auszeichnung gleich. Ähnliche Attribute wurden der Klosterbibliothek von St.Gallen damals zuhauf zuteil: Reiseberichte sprachen von der Bibliothek und den hier so zahlreich wie nirgends erhaltenen frühmittelalterlichen Handschriften von einem «Nucleus der Zivilisation» oder von einem «Asyl der Bildung während der dunklen Jahrhunderte [des Mittelalters]». Pater Placidus Calligari aus Neresheim, der der Bibliothek im Jahre 1791 einen Besuch abstattete, konnte es kaum erwarten, Einlass in die Bibliothek zu erhalten: «Mein Verlangen war brünstig, diesen Platz betretten zu können, von dessen besonderem reichhaltig gelehrten Vorrathe ich schon so vieles gelesen und anderwärts vernommen hatte». Und er wurde nicht enttäuscht: «Die Idee, welche ich mir darüber machte, war somit gewißlich nicht geringe. Allein sie wurde durch den Augenschein selbst übertroffen».

Superlative noch und noch, und dies sollte auch nach der Aufhebung des Klosters so bleiben. Ein Fr[iedrich?] Huber aus Ludwigsburg kommentierte in seinem im Jahre 1807 in München erschienenen Buch *Die neuesten Briefe aus der Schweiz in das väterliche Haus:* «Mehr aber als alles dies interessierte mich die wegen ihrer schätzbaren Handschriften und gedruckten Werke berühmte Klosterbibliothek. ... die schon wegen ihrer äussern Schönheit, womit dies Gebäude geziert ist, ein Musentempel genannt zu werden verdient, als auch wegen ihrer Seltenheiten in Rücksicht der Literatur, Numismatik und des Mineralreichs mit Recht die erste und vorzüglichste Bibliothek der Schweiz genannt werden kann». Während die numismatischen Kostbarkeiten der Bibliothek heute ein Schattendasein fristen und die Mineraliensammlung bereits im Jahre 1836 der *Katholischen Kantonsschule* als Anschauungsmaterial abgetreten wurde, gilt Hubers Aussage betreffend den Bau und die Handschriftenschätze sicherlich heute noch.

Die Jahresausstellung 1995/96 will für einmal die barocke Klosterbibliothek des ausgehenden 17. und des 18. Jahrhunderts der Vergessenheit entreissen. Unter verschiedenen Aspekten werden in jenen Jahren geschaffene, angekaufte oder geschenksweise erhaltene Handschriften und Drucke vorgestellt, ohne jedoch den Blick von jenen Schätzen abzuwenden, die dafür verantwortlich waren, dass St.Gallen «die erste und vorzüglichste Bibliothek der Schweiz» genannt zu werden pflegte. Während nämlich die in der Barockzeit im Kloster St.Gallen entstandenen Handschriften und Drucke sowohl von ihrem Inhalt als auch von ihrer buchkünstlerischen Ausstattung her meist nur von regionalem Interesse sind, hat eine sehr große Zahl von Handschriften aus frühmittelalterlicher Zeit abendländische Bedeutung erlangt. Grundlegende Quellen der Musikwissenschaft, der Germanistik, der Liturgie-, der Medizin-, der Rechts- und der Theologiegeschichte aus der Spätantike und vor allem aus dem Frühmittelalter befinden sich heute noch in den intarsiengeschmückten Schränken des Handschriftenkabinetts (vgl. Titelbild). Frühmittelalterliche Handschriften sind nicht nur in der vom jeweils gewählten Ausstellungsthema unabhängigen «Zimelienvitrine» (Vitrine 10), sondern auch in zwei weiteren Vitrinen zu sehen: Vor allem auswärtige Gelehrte, aber auch St.Galler Konventualen beschäftigten sich bereits im 18. Jahrhundert intensiv mit frühmittelalterlichen Texten in St.Galler Handschriften (Vitrine 3). Und auch zu den erstaunlich umfangreichen Büchererwerbungen des 18. Jahrhunderts gehörten frühmittelalterliche Manuskripte (Vitrine 5). In der Ausstellung thematisiert und dokumentiert werden im weitern die Buchdruckerei des Klosters St.Gallen, die zwischen 1633 und 1798 bestand und in dieser Zeit mehrere Hundert Bücher und Broschüren herstellte (Vitrine 7), die dünne, aber doch existente «Handschriftenproduktion» des 18. Jahrhunderts (Vitrine 2) oder die Anschaffung von bibliophilen Druckwerken in dieser Zeit (Vitrine 6). Nicht zuletzt ist erstmals ein Querschnitt durch die Bibliothek als Kuriositäten- und Raritätenkabinett zu sehen (Vitrine 4). Münzen, Medaillen, Kunstgegenstände, astronomische und mathematische Instrumente, Mineralien, Versteinerungen und andere Wunderdinge der Natur und des Menschen wurden den Besuchern vorgezeigt und machten die Klosterbibliothek von St.Gallen im 18. Jahrhundert auch zu einer museumsähnlichen Institution.

In einer separaten Vitrine (Nr. 8) gewürdigt wird das Leben und Wirken von Fürstabt und Kardinal Cölestin Sfondrati (1644–1696), dessen 300. Todestag wir am 4. September begehen. Dieser aus Mailand stammende Gelehrte aus angesehener Familie, St.Galler Fürstabt ab 1687, wurde 1695 als bislang einziger «St.Galler» vom Papst zum Kardinal ernannt. Als Leihgabe des Stiftsarchivs St.Gallen kann sein Tagebuch in der Ausstellung präsentiert werden, wofür wir Stiftsarchivar Werner Vogler herzlich danken. Erinnert wird (in der Vitrine 1) ebenfalls an einen zweiten St.Galler Abt, der in der Barockzeit für die Geschicke des Gallusklosters verantwortlich zeichnete: Vor 200 Jahren, am 19. Mai 1796, starb Fürstabt Beda Angehrn, der zweitletzte Abt des Klosters St.Gallen.

Diese Ausstellung knüpft an die Ausstellung *Glehrte Leüt und herrliche Librey* an, die sich in den Jahren 1992 und 1993 mit der nachreformatorischen Klosterbibliothek von St.Gallen bis zum Jahre 1630 befasste. In ähnlicher Form werden auch in der Ausstellung *Ein Tempel der Musen* in ausgewählter Thematik verschiedenartige Aspekte der Bibliothek beleuchtet. Ein grösserer geschichtlicher Überblick über die Zeit von 1630 bis 1798, bis zur faktischen Aufhebung des Klosters, würde den Rahmen eines Kataloges sprengen: Umfassend gibt darüber das von Johannes Duft, Anton Gössi und Werner Vogler verfasste Buch *Die Abtei St.Gallen: Abriss der Geschichte – Kurzbiographien der Äbte – Das stift-sanktgallische Offizialat* Auskunft. Holzschnittartig seien uns einige wenige Hinweise erlaubt:

Das Kloster St.Gallen erlebte von 1630 bis zur Aufhebung im Jahre 1798 eine letzte große Blütezeit, die vor allem durch ein einziges schmerzliches Ereignis getrübt und unterbrochen wurde: Im Jahre 1712 marschierten im Rahmen des «Toggenburger Krieges», eines interkonfessionellen Krieges zwischen katholischen und evangelischen Orten der Eidgenossenschaft, Truppen aus den evangelischen Kantonen Zürich und Bern im Kloster St.Gallen ein, nahmen das vom Abt und seinen Mönchen verlassene Kloster in Besitz, zerstörten in der Klosterkirche und im Mönchskonvent Kultgegenstände und nahmen vieles, was nicht niet- und nagelfest verankert war, mit sich hinweg. Auch der grösste Teil von Bibliothek und Archiv fiel den Zürchern und Bernern schutzlos in die Hände. Erst sechs Jahre später, am 11. Oktober 1718, konnte der neugewählte St.Galler Abt Joseph von Rudolphi nach dem Friedensschluss von Baden aus dem Exil in Neu-Ravensburg wieder in sein Heimatkloster zurückkehren. Es sollte lange dauern, bis die materiellen Schäden behoben waren, und selbst heute noch, im Jahre 1996, erinnern in Zürich zurückbehaltene wertvolle Hand- und Druckschriften aus der alten St.Galler Klosterbibliothek an jene für die Abtei unheilvollen Jahre. Innert kurzer Zeit schaffte der als Friedensfürst gefeierte Fürstabt Joseph von Rudolphi (1717–1740) die Wiederherstellung des monastischen Lebens im Kloster, und er führte die Abtei als umsichtiger und sparsamer Verwalter und grosser Förderer der Bibliothek zum alten Glanz zurück. Bis an ihr abruptes Ende im Jahre 1798 respektive 1805 sollten nochmals glanzvolle Jahre, vor allem unter Fürstabt Cölestin Gugger von Staudach (1740–1767), folgen.

Dieser, eine der herausragendsten Abtspersönlichkeiten von St.Gallen, schuf mit der neuen barocken Stiftskirche (1755–1766) und der heutigen Stiftsbibliothek (1758–1767) Bauwerke von Weltrang. Er war ein ausgezeichneter Verwalter seiner Ländereien und der ihm anvertrauten Finanzen (trotz intensiver Bautätigkeit hinterliess er der Abtei ein Vermögen von 300 000 Gulden), aber auch ein bedeutender Staatsmann. So schloss er 1748/49 nach langen Verhandlungen einen Vertrag mit dem Bistum Konstanz, gemäss welchem der Bischof dem Abt von St.Gallen und dessen Stellvertreter, dem stiftsanktgallischen Offizial, die geistliche Jurisdiktion auf dem Gebiet der Fürstabtei weitestgehend überliess. Die Kollaturen der stiftsanktgallischen Lande unterstanden bereits seit 1613/14 in seelsorgerischen Belangen dem Abt von St.Gallen, der darin auch das Visitationsrecht ausübte und zur Behebung von Missständen auch gelegentlich Synoden, etwa 1690 in Rorschach (vgl. Vitrine 8) oder 1737 in St.Gallen, abhielt.

St.Galler Mönche der Barockzeit waren gut geschult. Der Leitsatz von Fürstabt Pius Reher (1630–1654) «Im Kloster will ich lieber den inkardinierten Teufel als einen ungebildeten Mönch sehen» lässt sich auch auf die meisten seiner Nachfolger übertragen. Alle Mönche hatten sich vor ihrer Profess eine breitgefächerte Gymnasialbildung (zumeist im Dépendance-Kloster Mariaberg in Rorschach respektive im Priorat Neu St.Johann und in St.Gallen) erworben. Und zwischen Profess und Priesterweihe brachten sie zwischen fünf und sieben Jahre damit zu, sich an der klostereigenen «Hoch-»Schule im Kloster St.Gallen Kenntnisse in Theologie, Philosophie und Metaphysik sowie teilweise in Jurisprudenz anzueignen, die sie später befähigten, sich selbst wieder als Lehrer für kommende Mönchsgenerationen oder aber in der Verwaltung der Fürstabtei zu betätigen. Nachwuchsmangel im Kloster gab es mit Ausnahme der Jahre zwischen 1696 und 1720 (politische Umtriebe und Kriegsereignisse des Toggenburgerkrieges unter Fürstabt Leodegar Bürgisser [1696–1717]) nicht.

Die Klosterbibliothek genoss die spezielle Aufmerksamkeit der barocken Fürstabte: Sie dotierten ihre Bücherei grosszügig mit finanziellen Mitteln, damit wertvolle Bücher angeschafft und schön eingebunden werden konnten, kauften bedeutende Büchernachlässe an (2000 gedruckte Bände aus dem Nachlass des St.Galler Prädikanten Zollikofer, Aegidius Tschudi-Nachlass mit 120 Handschriften; vgl. Vitrine 5). Auch schufen sie moderne Bibliotheksräumlichkeiten oder legten neue Sammlungen an (Münzkabinett unter Abt Joseph von Rudolphi; vgl. Vitrine 4). Die Klosterbibliothek mit ihren einmaligen Handschriftenschätzen war zusammen mit der Klosterkirche der grosse Anziehungspunkt für Gelehrte und die immer zahlreicher werdenden Reisenden aus der bildungsbeflissenen Oberschicht. Einzelne Bibliothekare, beispielsweise Pater Pius Kolb (1712–1762), dank seines kritischen Kataloges über die Handschriften des Klosters ehrenvoll zum Mitglied der bayrischen Akademie der Wissenschaften ernannt, oder Johann Nepomuk Hauntinger vermehrten mit ihren bedeutenden bibliothekarischen und wissenschaftlichen Leistungen den Ruhm dieses gegen 1300 Jahre alten Instituts.

Ausstellung und Ausstellungskatalog können keine (als Desideratum neu zu schreibende) Bibliotheksgeschichte der Barockzeit ersetzen; sie sollen jedoch Blitzlichter auf die Leistungen von Äbten und Bibliothekaren jener Epoche werfen.

Literaturhinweise

RUDOLF HENGGELER, Professbuch der fürstl. Benediktinerabtei der Heiligen Gallus und Otmar zu St.Gallen (= Monasticon Benedictinum Helvetiae 1), Zug 1929, bes. S. 145–166 und 303–436. – JOHANNES DUFT, Die Glaubenssorge der Fürstäbte von St.Gallen im 17. und 18. Jahrhundert, Luzern 1944. – JOHANNES DUFT, ANTON GÖSSI und WERNER VOGLER, Die Abtei St.Gallen. Abriss der Geschichte – Kurzbiographien der Äbte – Das stiftsanktgallische Offizialat, St.Gallen 1986, S. 52–62 und 163–193 (aus Helvetia sacra Abt. III/1, Bd. 2). – JOHANNES DUFT, Die Abtei St.Gallen, Bd. 3: Beiträge zum Barockzeitalter. Ausgewählte Aufsätze in überarbeiteter Fassung, Sigmaringen 1994.

Zu den einzelnen Äbten:

Pius Reher (1630–1654): ALOISIUS SCHEIWILER, Abt Pius Reher. Ein edles Fürstenbild aus dem 17. Jahrhundert, St.Gallen 1926. – ALOIS STADLER, Die Stellung der Fürstabtei St.Gallen im Dreissigjährigen Krieg, Diss. Freiburg i.Ü., in: St.Galler Kultur und Geschichte 3 (1974), S. 5–120.

Gallus Alt (1654–1687): ALOISIUS SCHEIWILER, Gallus Alt aus Oberriet, Fürstabt von St.Gallen, Altstätten 1934. – JOHANNES DUFT, Fürstabt Gallus Alt, der Aufsteiger, in: Ders., Abtei III (wie oben), S. 118–129.

Cölestin Sfondrati (1687–1696): Vgl. Literaturhinweise zu Vitrine 8.

Leodegar Bürgisser (1696–1717): ALOISIUS SCHEIWILER, Leodegar Bürgisser, Fürstabt von St.Gallen, in: Monat-Rosen 69 (1924/25), S. 307–314, 366–374, 487–491 und 626–631.

Joseph von Rudolphi (1717–1740): ALOISIUS SCHEIWILER, Josef von Rudolfis, der viertletzte Fürstabt von St.Gallen, St.Gallen 1925. – STEFAN GEMPERLI, Der erste Band des Tagebuches von Abt Rudolphi. Reformen und Aufbauarbeiten des St.Galler Fürsten nach Krieg und Exil (1717–1726), Lizentiatsarbeit Freiburg i.Ü. 1991 (Typoskript).

Cölestin Gugger von Staudach (1740–1767): JOHANNES DUFT, Fürstabt Cölestin Gugger von Staudach, Bauherr des stift-sankt-gallischen Barocks, in: Montfort 20 (1968), S. 384–401. Überarbeitet und unter dem Titel 'Fürstabt Cölestin Gugger, der Bauherr' auch in: DUFT, Abtei III, S. 130–142.

Beda Angehrn (1767–1796): Vgl. Literaturhinweise zu Vitrine 1.

Pankraz Vorster (1796–1805): FRANZ WEIDMANN, Geschichte des ehemaligen Stiftes und der Landschaft St.Gallen unter den zween letzten Fürstäbten von St.Gallen, St.Gallen 1834. – ALFRED MEIER, Abt Pankraz Vorster und die Aufhebung der Fürstabtei St.Gallen, Diss. Freiburg i.Ü. 1954.

1. VITRINE

Alltag im barocken Kloster Sankt Gallen

«St.Gallen ragte unter den neun schweizerischen Benediktinerklöstern, welche die inneren und äusseren Stürme der Reformationsjahre überdauert hatten, nicht bloss an Alter und kulturgeschichtlichem Glanz hervor; höher schlug das Zeitalter des Absolutismus die Stellung des jeweiligen Abts als Fürst des Römischen Reichs und Souverän eines ansehnlichen Territoriums an. Sogar die engsten Vertrauten des Landesherrn, seine geistlichen Mitbrüder, sprechen in ihren Tagebüchern und privaten Briefen immer vom ‹Fürsten› und nie von ihrem ‹Abt›» (E. Studer). Der Fürstabt von St.Gallen war in der Barockzeit, im ausgehenden 17. und im 18. Jahrhundert, nicht nur bezüglich der Grösse seines Territoriums (weltliche und weitgehend kirchliche Oberhoheit über das Gebiet zwischen Wil und Rorschach [Fürstenland], mit dem Toggenburg, Teilen des Rheintals und Besitzungen in Deutschland [Ebringen, Neu-Ravensburg]) einer der mächtigsten geistlichen Landesherren im deutschen Reich (1796: 91 800 Einwohner). St.Gallen war auch das grösste und zusammen mit dem Wallfahrtszentrum Einsiedeln berühmteste Benediktinerkloster der Schweiz.

Mit Ausnahme der Zeit zwischen 1712 und 1718, als kriegerische Feldzüge der eidgenössischen Kantone Zürich und Bern den Konvent ins Exil nach Neu-Ravensburg zwangen, lebten jeweils zwischen 50 und 100 Konventualen im Galluskloster im Steinachtal. Ein *Catalogus Conventualium* (Verzeichnis der Konventualen) nennt im Jahre 1722 41 Mönche, 14 Fratres (zwischen Profess und Priesterweihe) und 12 Laienbrüder. 1769 waren es 63 Mönche, 13 Fratres und 18 Laienbrüder, und auch die Zahlen für 1796, 9 Jahre vor der definitiven Aufhebung der Abtei, zeigen keinen Rückgang der Bewohner der grossen Klosteranlage (62 Mönche, 9 Fratres, 19 Klosterbrüder). Hinzuzählen hat man eine große Zahl von Bediensteten sowie die in der Verwaltung der Fürstabtei tätigen Beamten.

Das dritte Viertel des 18. Jahrhunderts war im Kloster St.Gallen auch eine Zeit der grossen baulichen Umgestaltung: Eine neue Klosterkirche, ein moderner Bibliotheksbau mit dem daran sich anschliessenden Krankenhaustrakt und ein repräsentativer Pfalzflügel als Residenz des Fürstabtes symbolisierten das barocke Selbstbewusstsein der mächtigen Abtei. Die Neubauten ersetzten das in seiner Grundsubstanz frühmittelalterliche Gallusmünster und die 1623–1628 erbaute Otmarskirche sowie die kleine zweistöckige Renaissance-Bibliothek aus der Mitte des 16. Jahrhunderts oder setzten – wie im Fall der neuen, nach 1767 errichteten Abtsresidenz – innerhalb der Klosteranlage neue bauliche Akzente.

– Ansicht des Klosters St.Gallen um 1741 in einer grossformatigen Lithographie des 19. Jahrhunderts von Lithograph Johannes Tribelhorn (1804–1877): Diese «sehr exakte Vogelperspektive der Klosteranlage St.Gallen» (B. Anderes) zeigt im Zentrum das romanische Gallusmünster und (westlich daran angebaut) die frühbarocke Otmarskirche. Östlich und südlich der beiden Kirchen liegen die Konventsgebäude sowie im Südwesten – ungefähr am heutigen Standort – das Bibliotheksgebäude von 1551–1553 mit einem vorgelagerten kleineren Archivraum. Der barocke Ziergarten im Nordosten der Anlage musste später der Abtspfalz weichen und wurde in den damaligen Vorort St.Fiden verlegt. Eindrücklich präsentiert sich die 31 Fuss hohe Schiedmauer rund um die Klosteranlage, die seit 1566/67 das Kloster territorial von der evangelischen Stadt trennte. Die Lithographie ist nach einem Ölgemälde des sonst nicht bekannten Carl Anton Weber gezeichnet, das sich im Korridor der Stiftsbibliothek befindet (Graphische Sammlung).

Kloster und Stadt St.Gallen lebten seit dem Mauerbau 1566/67 relativ friedlich distanziert nebeneinander, wobei es immer wieder kleinere und teilweise auch grössere Unstimmigkeiten und Reibereien gab. Zum gefährlichsten Konflikt kam es in den Jahren 1697/98 im sogenannten Kreuzkrieg. Unter dem streitbaren Fürstabt Leodegar Bürgisser hatte man es anlässlich einer Prozession gewagt, die Kreuze statt gesenkt aufrecht durch die Stadt zu tragen und so die Städter, die auf Verletzung der Religionshoheit klagten, zu provozieren. Auf beiden Seiten mobilisierte man Truppen; zum Blutvergiessen kam es aber glücklicherweise nicht: Die Streitigkeiten konnten auf diplomatischem Weg beigelegt werden. Meist überwog die friedliche Koexistenz. Stadtbürger gingen häufig im Kloster ein und aus, pflegten gute Kontakte zu einzelnen Mönchen und führten ihre auswärtigen Besucher nicht selten in die damals schon berühmte Bibliothek und in die Klosterkirche. Die mit barockem Pomp durchgeführten Feierlichkeiten um die Weihnachtszeit (insbesondere die aufgestellte Krippe), festliche Translationen von Heiligenreliquien oder die verschiedenen feierlichen Zeremonien und Prozessionen übten auch auf die evangelischen Stadtbürger große Anziehungskraft aus. Vor allem in den letzten Jahrzehnten des Bestehens des Klosters (aufgehoben 1805) war das Einvernehmen zwischen Kloster und Stadt recht gut: Verschiedentlich (etwa

Ansicht des Klosters St.Gallen 1741
Ölgemälde von Carl Anton Weber
(Korridor der Stiftsbibliothek – 1. Vitrine)

1705, 1722, 1730, 1744, 1756) wurden stiftsanktgallische Fürstäbte in der Stadtrepublik in grosszügiger Weise bewillkommnet und bewirtet, und im Gegenzug gastierten die Stadtsanktgaller Magistraten mehrmals im Kloster. Der Ton feindlicher Korrektheit, wie er noch in den ersten Jahren nach der Durchsetzung der Reformation in der Stadt vorherrschte, war einem verhältnismässig gutem gegenseitigem Einvernehmen gewichen.

Die meisten Mönche des Klosters St.Gallen traten im Alter von 13 bis 14 Jahren als Knaben in die klostereigene Schule von Neu St.Johann (Gymnasium) und von St.Gallen (Lyzeum) ein und erwarben sich dort eine Art von «Mittelschulausbildung». Andere kamen nach auswärts absolviertem Gymnasialstudium mit dem Wunsch nach dem Klosterleben direkt nach St.Gallen. Nach einjähriger Probezeit (Noviziat) legten sie – meist im Alter von 17 bis 25 Jahren – ihre Profess ab. Mit der feierlichen Profess verpflichteten sich die angehenden Priestermönche wie auch die meist in handwerklichen Berufen tätigen Laienbrüder zum Verbleib im Kloster St.Gallen auf Lebenszeit, zum Gehorsam gegenüber den Vorgesetzten und zu einem sittenstrengen Leben nach der Ordensregel des heiligen Benedikt. Die Professversprechen der frühmittelalterlichen Mönche des Klosters St.Gallen sind im ältesten Professbuch der Abtei (im Stiftsarchiv St.Gallen) erhalten; die Professurkunden der frühneuzeitlichen Mönche von 1533 bis zum Ende der Klosterzeit befinden sich – eingebunden in fünf Bände (Handschriften Nr. 1796–1800) – fast lückenlos in der Stiftsbibliothek. Künftige Priestermönche unterzeichneten sie eigenhändig, und meist dürfte die mit Ausnahme des Namens stets gleichlautende lateinische Professformel auch von den Profitenten geschrieben worden sein. Im Gegensatz dazu ist die Professformel für Laienbrüder in deutscher Sprache gehalten. Der Profess folgte ein in der Regel fünf bis sieben Jahre dauerndes Studium der Theologie, Philosophie und Metaphysik in der auf die eigenen Bedürfnisse zugeschnittenen klostereigenen Schule von St.Gallen. Ab etwa 1620/40 wurden die zukünftigen Priestermönche nicht mehr – wie noch zuvor – an auswärtige Jesuitenuniversitäten (etwa nach Dillingen, Ingolstadt, Paris oder Rom) geschickt, sondern zuhause in St.Gallen unterrichtet. Nach Priesterweihe und Primiz am Ende des Studiums übernahmen die jungen Mönche häufig Lehrerstellen in Neu St.Johann oder St.Gallen oder aber wurden in der Seelsorge eingesetzt. Ausgestellt ist die Professurkunde von Pater Beda Angehrn aus Hagenwil (1725–1796), die der nachmalige Abt am 16. Oktober 1744 schrieb:

– Professurkunde des knapp 19jährigen Beda Angehrn: Nach der Priesterweihe im Jahre 1749 war Pater Beda Angehrn vornehmlich im Schuldienst als Lehrer der Philosophie und Theologie tätig, bevor er 1763 Prior und Statthalter des zu St.Gallen gehörenden Priorats Neu St.Johann wurde. Im Alter von 42 Jahren wurde er am 11. März 1767 als Nachfolger von Cölestin Gugger zum Abt des Klosters St.Gallen gewählt. Nach 29jähriger Tätigkeit an der Spitze des Gallusklosters starb Fürstabt Beda Angehrn am 19. Mai 1796 (Handschrift Nr. 1800, Blatt 5).

Da wir in diesem Jahr des 200. Todestages von Beda Angehrn, dem zweitletzten Fürstabt von St.Gallen, gedenken, seien an dieser Stelle die wichtigsten Ereignisse und Taten seines Abbatiats vorgestellt:

1767	Wahl zum Abt von St.Gallen
seit 1770	Ausbau der Seelsorge in der Fürstabtei: Beda errichtet 7 neue Pfarreien und 6 Kaplaneien und lässt 19 Kirchen und Kapellen bauen
1770/71	Durch Einfuhr und verbilligte Abgabe von oberitalienischem Getreide bewahrt er anlässlich von schweren Missernten viele Menschen vor dem Hungertod

1773–1778 und	Bau einer guten chaussierten Strasse von Rorschach bis Wil.
1786–1790	Ausbau der Strecke Wil–Rickenpass und verschiedener kleinerer Strassen
1783	Geplante, aber weitgehend misslungene Einführung der «Normalschule» nach österreichischem Vorbild im Volksschulunterricht zeitweise gegen starken Widerstand der Bevölkerung
ab etwa 1780	Wegen der zunehmenden Verschuldung der Abtei und des ungenügenden Mitspracherechtes des Mönchskapitels erwächst dem «gütigen» Abt eine starke Opposition innerhalb des Konvents. Der Papst lehnt eine Forderung der Mönche nach einer Visitation durch Rom wie auch ein Resignationsgesuch von Abt Beda 1788 ab. Oppositionelle Mönche werden von St.Gallen weg strafversetzt.
1792–1795	Als Reaktion auf die allgemeine revolutionäre Bewegung auf dem Gebiet der Fürstabtei vereinbart Beda mit den Anführern der Friedensbewegung in Gossau am 23. November 1795 den «Gütlichen Vertrag»: Der Abt kommt – gegen den Willen vieler Mönche – den Forderungen der Aufständischen weitestgehend entgegen, schafft die Leibeigenschaft ab und gibt feudale Rechte preis. Der Konvent billigt den Vertrag am 18. Januar 1796.
1796 (19. Mai)	Tod von Abt Beda

«Dem Gottesdienst werde nichts vorgezogen», gebietet die Regel des heiligen Benedikt, die im Kloster St.Gallen seit 747 über 1000 Jahre lang – bis zur Aufhebung der Abtei 1805 – die gültige Lebensnorm war. In dem mehrmals täglich gesungenen und rezitierten Stundengebet, in der Feier der Eucharistie, im privaten Beten und Meditieren verherrlichten die Konventualen ihren Schöpfer. Zum Kapiteloffizium im Anschluss an die morgendliche Prim fanden sich der Abt und die Mönche ein weiteres Mal zusammen, jeweils im Kapitelsaal, wo ihnen ein Abschnitt aus der Ordensregel, die Kurzvita der oder des Tagesheiligen sowie die Namen der Verstorbenen vorgelesen wurden, derer man am betreffenden Tag zu gedenken hatte. Regeltext, Martyrologium (Kurzviten von Heiligen) und Nekrologium (Totenverzeichnis, nach dem Kalenderjahr geordnet) für die Kapitelsversammlung waren seit dem Frühmittelalter üblicherweise im sogenannten Kapiteloffiziumsbuch zusammengebunden (etwa Codices 915 und 453). Für die Barockzeit liegen die einzelnen Teile des Kapiteloffiziumsbuches zumeist getrennt vor, wie beispielsweise das ausgestellte Nekrologium, aus dem zwischen 1612 und 1798 täglich die Namen der verstorbenen Äbte, Mönche und Wohltäter des Klosters vorgelesen wurden:

- Das Nekrologium des St.Galler Konvents in der Barockzeit: Abt Bernhard Müller (1594–1630) liess 1611/12 ein neues Nekrologium anfertigen, das bis zum Ende der Klosterzeit in Gebrauch war und über die Aufhebung des Klosters hinaus (bis zum Jahre 1847) von verschiedenen Mönchen weitergeführt wurde. Die hohe Bedeutung dieses Totengedenkbuchs mit den Namen der am jeweiligen Tag des Kalenderjahres Verstorbenen wird dadurch unterstrichen, dass dazu nicht Papier, sondern das weit beständigere Pergament verwendet wurde, das jedoch durch den häufigen Gebrauch stark abgenützt ist. Wechselvoll ist im übrigen das Schicksal dieser Handschrift: Bei der Flucht des St.Galler Konvents vor den herannahenden Franzosen im Jahre 1798 wurde das Nekrologium, das nicht in der Bibliothek untergebracht war, da es täglich im Gebrauch stand, vergessen und erst am 1. November 1810 im Choralbücherkasten der Kathedrale wiedergefunden. Das Buchzeichen war noch beim 8. Mai eingelegt, Beweis dafür, dass an jenem Tag im Jahre 1798 die Lesung im Kapiteloffizium aufgehört hatte. Pater Aemilian Hafner (1756–1847), der drittletzte Mönch von St.Gallen, nahm das Nekrologium in seinen Besitz und trug darin die Todesdaten von ehemaligen Mitmönchen ein, bis er es 1840 oder 1841 in die Bibliothek von St.Gallen inkorporierte (Handschrift Nr. 1442).

Für den Vollzug der liturgischen Feiern und Zeremonien waren neben den Texten liturgische Geräte (Kelch, Patene, Monstranz, Leuchter, Rauchfass, Messkännchen u.a.) sowie Paramente notwendig, die in der Schatzkammer der Klosterkirche aufbewahrt wurden:

- Verzeichnis des Kirchenschatzes der Klosterkirche von St.Gallen von 1693: (*Hierogazophylacium Sancti Galli*): Als Namenstagsgeschenk für Fürstabt Cölestin Sfondrati (vgl. Vitrine 8) von Pater Gregor Schnyder geschrieben und wahrscheinlich auch illustriert, enthält das voluminöse Werk eine kurze Geschichte, eine Beschreibung sowie eine Abbildung der einzelnen Kultgegenstände, die sich zu jenem Zeitpunkt im Kirchenschatz befanden. Mit dem in Brauntönen gehaltenen Frontispiz – der heilige Gallus im Gebet vor der Münsterkirche von St.Gallen – sowie 60 weiteren Deckfarbenbildern gehört das *Hierogazophylacium* zu den repräsentativsten Werken der barocken Handschriftenproduktion von St.Gallen (Handschrift Nr. 1718a).

Verwaltung, Seelsorge und Schule gehörten zu den Hauptbetätigungsfeldern der Mönche in der Barockzeit. Nur ganz wenige durften sich während längerer Zeit wissenschaftlichen Tätigkeiten zuwenden: Die Äbte folgten zumeist dem Leitsatz, keinen Konventualen allzulange auf einem besonders begehrten Posten zu belassen. Unzweifelhaft dürfte die Sorge, jeglichen geistigen Hochmut darniederzuhalten, die sonderbare Praxis mitbestimmt haben. Talentierte Mönche wie etwa der in Physik und anderen Naturwissenschaften begabte Pankraz Vorster (1753–1829) – der nachmalige Abt hielt Disputationen über Isaac Newton und dessen Lehre – durften sich meist nicht dort betätigen, wo sie ihre Persönlichkeit am besten hätten entfalten können. Oft wurden sie – wie beispielsweise Cölestin Sfondrati – nach aufsehenerregenden Erfolgen auf unbedeutende Seelsorgerstellen abgeschoben (von der Kirchenrechtsprofessur in Salzburg zum Beichtiger von St.Georgen oberhalb St.Gallen).

Einer jener Mönche, der seine Fähigkeiten und Begabungen einigermassen voll ausschöpfen und entwickeln konnte, war im 18. Jahrhundert Pater Basilius Balthasar (1709–1776) aus Luzern, der «fruchtbarste Schriftsteller jüngerer Zeit aus dem Stifte St.Gallen» (Weidmann). Auch er übte als Mitarbeiter im Archiv, Unterbibliothekar, Lehrer, Novizenmeister, Vizesekretär und Sekretär der Schweizerischen Benediktinerkongregation sowie als Subprior eine Vielzahl von Aufgaben im Galluskloster aus. Aber trotzdem fand er immer wieder Zeit und Freiraum, rhetorisch und schriftstellerisch tätig zu sein. So hielt er bei Gelegenheit als begabter Redner Begrüssungs- und Festtagsreden, bei der goldenen Professfeier von Pater Gabriel Hecht 1739, beim Tod von Abt Joseph von Rudolphi 1740, beim Empfang des apostolischen Nuntius 1746, beim Empfang von Kardinal Quirini 1747, beim Besuch des Bischofs von Konstanz 1749, bei der 800-Jahr-Jubelfeier der Engelweihe in Einsiedeln sowie bei Abteinsetzungen in Muri, Rheinau und Disentis. Basilius Balthasar hinterliess auch eine Vielzahl gedruckter und ungedruckter Werke, etwa Theaterstücke für die Klosterschule von St.Johann, historische Abhandlungen, Schriften aszetisch-erbaulichen Inhalts. Sein wichtigstes Werk war wohl die Chronik des Klosters St.Gallen in drei Bänden über die Zeit von 1654 bis 1696, also über die Abbatiate von Gallus Alt und Cölestin Sfondrati. Abt Beda Angehrn würdigte das verdienstvolle Wirken von Pater Basilius an dessen Todestag (20. 11. 1776) in seinem Tagebuch: «Fuit vir monasterio valde utilis, unum alterumve tomum Chronici nostri composuit variosque libellos et asceticos et scholasticos edidit vereque id quod de Sancto Beda legitur dici de ipso potest: Semper legit, semper scripsit, semper docuit, semper oravit» (Er war ein für das Kloster sehr nützlicher Mann, stellte den einen oder anderen Band unserer Geschichte zusammen, gab verschiedene aszetische Büchlein und Schulbücher heraus; und wahrlich kann man von ihm das behaupten, was über den heiligen Beda gesagt wird: Er las ständig, er schrieb ständig, er lehrte ständig, er betete ständig). Ebenfalls eine geschichtliche Arbeit widmete Pater Basilius im Jahre 1739 seinem Abt Joseph von Rudolphi (1717–1740):

- Kurzgeschichte des Klosters St.Gallen von seiner Gründung bis ins Jahr 1739 in lateinischer Sprache: Die in einen hübschen roten Einband gebundene, eigenhändig zu Papier gebrachte und mit einem eigenwilligen Titelblatt ausgestattete Schrift trägt den sinnreichen Titel: *Divi Galli requies: Semper in spinis et nunquam sine rosis* (Die Ruhestätte des heiligen Gallus: stets unter Dornen, aber niemals ohne Rosen). Ganz kurz werden wichtige Ereignisse aus der bereits über 1000jährigen Klostergeschichte vorgestellt, etwa der Tod des Abtes Otmar, der Kirchenneubau unter Abt Gozbert, der Ungarneinfall, der Besuch von Bischof Keonwald aus England in St.Gallen, die Seligsprechung von Notker Balbulus 1514, die Inkorporierung des Klosters St.Johann 1555, der Bau der Schiedmauer 1566/67 oder der Kreuzkrieg von 1697 (Handschrift Nr. 1430).

Pater Basilius Balthasar gehört zu den wenigen Autoren aus dem Kloster St.Gallen, deren Werke auch nach der Aufhebung des Klosters nochmals gedruckt wurden. 1882 wurde in Freiburg im Breisgau eine Übersetzung seiner 1770 in der Klosterdruckerei von St.Gallen gedruckten Schrift *Mysterium mysteriorum in augustissimo altaris sacramento revelatum* ins Deutsche herausgegeben. *Das Geheimniss aller Geheimnisse im allerheiligsten Sacramente des Altars. In Betrachtungen auf jeden Tag des Monats*, lautet der Titel des 570 Seiten umfassenden Werkes, das über 100 Jahre nach Balthasars Tod erschien.

Literaturhinweise

Zum Leben in der barocken Abtei St.Gallen: HENGGELER, Professbuch (wie Einleitung). – ALOISIUS SCHEIWILER, Das Kloster St.Gallen. Die Geschichte eines Kulturzentrums, St.Gallen 1937, S. 175–262. – DUFT, Glaubenssorge (wie Einleitung). – EDUARD STUDER, Ildefons von Arx. Leben und Forschung, in: Ildefons von Arx 1755–1833. Gedenkschrift aus Anlass seines 200. Geburtstages, Olten 1957, S. 101–373 (Zitat S. 109). – DUFT/GÖSSI/VOGLER, Abtei St.Gallen (wie Einleitung). – DUFT, Abtei III (wie Einleitung).

Zur Klosteransicht von 1741: ERWIN POESCHEL, Die Kunstdenkmäler des Kantons St.Gallen, Bd. 3: Die Stadt St.Gallen, 2. Teil, Stift, Basel 1961, S. 3. – BERNHARD ANDERES, Der Stiftsbezirk St.Gallen, St.Gallen 1987, S. 87–89 (Zitat S. 88).

D[ivi] Galli Requies: Semper in spinis, numquam sine rosis
Titelblatt einer Kurzgeschichte des Klosters St.Gallen
verfasst 1739 von Pater Basilius Balthasar
(Handschrift Nr. 1430, S. 1 – 1. Vitrine)

Zum Verhältnis von Kloster und Stadt St.Gallen: ERNST ZIEGLER, Eine Fürstengastierung im Jahre 1756 in der Stadt St.Gallen, in: Rorschacher Neujahrsblatt 70 (1980), S. 91–100. – ERNST ZIEGLER, Weihnacht und Neujahr im alten St.Gallen, St.Gallen 1988, S. 9. – JOHANNES DUFT, Die staatsbildende Funktion der Abtei St.Gallen. Ein Durchblick vom 7. bis zum 19. Jahrhundert, in: DERS., Abtei III (wie oben), S. 36–38.

Zu Fürstabt Beda Angehrn: FRANZ WEIDMANN, Geschichte des ehemaligen Stiftes und der Landschaft St.Gallen unter den zween letzten Fürstäbten von St.Gallen, St.Gallen 1834. – JOSEPH MÜLLER, Beda Angehrn, Abt von St.Gallen, Gossau 1920. – DUFT, Glaubenssorge (wie oben), S. 79 f., 269–280, 396 f. – ALFRED MEIER, Abt Pankraz Vorster und die Aufhebung der Fürstabtei St.Gallen, Freiburg i.Ü. 1954, S. 95–121.

Zu Pater Basilius Balthasar: HENGGELER, Professbuch (wie Einleitung), S. 375–378.

2. VITRINE

Spätestblüte der Sankt Galler Buchkunst

Erste St.Galler Handschriften wurden in der zweiten Hälfte des 8. Jahrhunderts geschaffen; letzte Handschriften stammen aus dem 18. Jahrhundert. Gut 1000 Jahre lang währte also die Kontinuität der St.Galler Handschriftenproduktion; denn auch nach 1500, nach Erfindung des Buchdrucks, wurden in St.Gallen weiterhin Bücher von Hand geschrieben und teilweise illustriert und illuminiert. Den Schwerpunkt der Produktion bildeten dabei seit 1500 die sogenannten Liturgica, Bücher für die Feier der Eucharistie, das Stundengebet der Mönche, rituelle Handlungen und Zeremonien, die Versammlung der Mönche im Kapiteloffizium.

Abt Diethelm Blarer (1530–1564) liess beispielsweise für den feierlichen Gottesdienst und die Sakramentenspendung ein ganzes Korpus von liturgischen Handschriften von klostereigenen und auswärtigen Künstlern herstellen. Für Abt Otmar Kunz (1564–1577) fertigte ein unbekannter Künstler ein prachtvoll illustriertes Privatgebetbuch (Handschrift Nr. 1365) an. Unter Abt Bernhard Müller (1594–1630) schuf Pater David Schaller zwei grossformatige Antiphonarien (Handschriften Nr. 1768 und 1769). Und im Jahre 1691 entstand für Fürstabt Cölestin Sfondrati (1687–1696) das in dieser Ausstellung in Vitrine 8 näher präsentierte Vesperale (Handschrift Nr. 1452b). Von einem Skriptorium im 17. und 18. Jahrhundert im Kloster St.Gallen, in dem kontinuierlich von Mönchen Handschriften geschaffen wurden, kann man freilich nicht sprechen. Es gab fast in jeder Mönchsgeneration mehr oder weniger talentierte Mönche, die sich, neben anderen Aufgaben, bei Zeit und Gelegenheit und meist auf äbtlichen Befehl hin dem Schreiben und Illuminieren widmeten.

Bibel- und Kirchenvätertexte, Werke von Autoren der Antike oder von christlichen Schriftstellern des Mittelalters wie im Frühmittelalter wurden jetzt nicht mehr von Hand geschrieben; dafür gab es jetzt gedruckte Ausgaben und vereinzelt sogar Übersetzungen. Was sich heute sonst noch aus dem 16. bis 18. Jahrhundert in den Handschriftenbeständen der Stiftsbibliothek findet, sind mehrheitlich formlose und oft nachlässig hingeworfene Gebrauchsschriften, philosophisch-theologische Werke, Vorlesungsskripten und -mitschriften von Professoren und Schülern, Predigtsammlungen, erbauliche Traktate, iuridische und kanonische Texte und Abhandlungen, Theaterstücke, Tagebücher etc.

Die letzten, buchkünstlerisch einigermassen bedeutenden Erzeugnisse der Abtei stellen zwei grossformatige mehrteilige Antiphonarien für das Stundengebet der Mönche des Galluskonvents aus den Jahren 1757–1759 respektive 1770–1773 dar. Beide Schaffensperioden sind durch einen Band repräsentiert.

Auf Befehl von Abt Cölestin Gugger (1740–1767) schuf der Mönch Dominikus Feustlin (1713–1782) zwischen 1757 und 1759 ein zweibändiges Antiphonar, das später unter Abt Beda Angehrn in vier Bände aufgeteilt und neu gebunden wurde. Feustlin war der wohl talentierteste Kalligraph seiner Zeit im Kloster. Abt Beda vermerkt an Feustlins Todestag, am 25. November 1782, in seinem Tagebuch: «Fuit religiosus bonus et simplex; bonus scriptor pro choro varia descripsit» (Er war ein guter und einfacher Mönch; als guter Schreiber schrieb er verschiedenes für den Chor). Bereits als junger Frater hatte er im Jahre 1737 die Texte auf dem Pergamentbirett für Fürstabt Joseph von Rudolphi (1717–1740) geschrieben (vgl. Vitrine 4); später kalligraphierte er Festschriften zur Sekundiz von Pater Aegidius Hartmann (Handschrift Nr. 1436 und Bändchen in Rubr. 29, Fasz. 4/5 im Stiftsarchiv St.Gallen) sowie ein Antiphonarium diurnale für das Stundengebet zuhanden von Dekan Cölestin Schiess (Handschrift Nr. 1510).

– Antiphonarium des Pater Dominikus Feustlin in vier Bänden: Das nach dem Kirchenjahr gegliederte Antiphonar enthält die vollständigen Antiphonen, das heisst die Kehrverse zu den Psalmen im Stundengebet der St.Galler Mönche an den wichtigsten Herren-, Marien- und Heiligenfesten. Der erste (Winterteil; Handschrift Nr. 1762) und zweite Band (Frühlingsteil; Handschrift Nr. 1763) entstanden im Jahre 1757, der dritte (Sommerteil; Handschrift Nr. 1764) und der vierte Teil (Herbstteil; Handschrift Nr. 1795) wurden im Jahre 1759 in einer sorgfältigen Antiqua-Schrift geschrieben. Die eigenwillige, sonst in St.Gallen völlig unbekannte Art der Dekoration erinnert in ihrem Stil an östliche, vielleicht arabische Vorbilder: Tiefblaue, -gelbe, -rote und -grüne Initialen sind in allen Farbtonvarianten mit feinen Rahmen aus farbigen Stäbchen verziert. Die Melodien sind auf fünf Notenlinien in Hufnagelnotation wiedergegeben. Bei den vier Teilen handelt es sich um bemerkenswert bibliophile Bände. Der erste und dritte Band werden durch eine «farblich intensive, ins Phantastische gehende Malerei um eine zentrale Kartusche mit der Titelei» (von Scarpatetti) eingeleitet. Die Einbände des Winter- und

Antiphonen zum Festtag des heiligen Gallus
Antiphonar, geschrieben 1759 von P. Dominikus Feustlin
(Handschrift Nr. 1795, S. 73 – 2. Vitrine)

Herbstteils sind mit handwerklich vorzüglichen und künstlerisch wertvollen Rokoko-Beschlägen auf hellem Messing in rotem Samt versehen. Auf dem zentralen Beschlagstück erscheint das Familienwappen von Abt Beda Angehrn, unter dem diese Bände zwischen 1767 und 1776 neu gebunden wurden. Weitere Verzierungen bestehen im blauen Buchschnitt sowie Goldpunzungen von Pflanzen- und Knospenmotiven. Alle vier Codices lagen bis 1930 in der Chorbibliothek der Kathedrale und wurden erst zu jenem Zeitpunkt in die Bestände der Stiftsbibliothek eingegliedert.

Bereits elf Jahre später, 1770, liess Fürstabt Beda Angehrn für das Stundengebet der Mönche ein neues Antiphonarium in zwei noch etwas grossformatigeren Bänden herstellen. Die über 50 Zentimeter hohen Prunkhandschriften entstanden für die Liturgie in einem grossen Raum, in der fertiggestellten Klosterkirche. Der frühverstorbene Pater Martin Ab Yberg (1741–1777), der kurzzeitig auch Lehrer für Rhetorik, sonst aber vor allem in der Volksseelsorge tätig war, kalligraphierte dieses letzte bedeutende Werk stiftsanktgallischer Buchkunst. Ob Ab Yberg auch für die Illustrationen verantwortlich zeichnete, lässt sich nicht mehr feststellen:

– Antiphonarium des Pater Martin Ab Yberg in zwei Bänden: Im Winterteil (1. Adventsonntag bis Christi Himmelfahrt; Handschrift Nr. 1759) sind auf 628 Seiten die an den wichtigsten Festtagen des Kirchenjahres zu singenden Antiphonen des Stundengebets der St.Galler Mönche in gotischer Hufnagelnotation auf fünf Notenlinien mit den vollständigen Texten wiedergegeben; der Sommerteil (ausgestellt Kopie: Handschrift Nr. 1761; Original in Handschrift Nr. 1760) enthält die Antiphonen an Herren-, Marien- und Heiligenfesten vom Pfingstsonntag (Mai/Juni) bis zum letzten Sonntag nach Pfingsten. Die wichtigsten Festtage sind durch kleine Aquarellbildchen ausgezeichnet: «Künstlerisch bemerkenswert sind kleine zarte Aquarellbildchen zu den Titelüberschriften an 11 hohen Festtagen, und diese ganzen Titeleien sind jeweils von geradezu blühenden Rokoko-Rahmen umschlungen. Hier wird nicht mehr Buchmalerei nachgeahmt; hier wiederspiegeln sich vielmehr die Rocaillen, die eben damals von gewandten Stukkatoren in Stiftskirche und Stiftsbibliothek geschaffen wurden» (Duft).

Neben den Liturgica bilden vor allem Festschriften Glanzpunkte der St.Galler Buchmalerei und Schriftkunst des ausgehenden 17. und des 18. Jahrhunderts. Klosterschüler, Fratres zwischen Profess und Priesterweihe oder jüngere Mönche widmeten ihrem Abt oder einem Vorgesetzten ihrer Gemeinschaft zu gewissen Festtagen (Namenstag, Elektionstag, Neujahrstag, goldenes Priesterjubiläum) kleinere Schriften unterschiedlichen Inhalts, die festtäglichen Glanz auf Gefeierte ausstrahlen sollten. Im Kloster St.Gallen bildete sich in der Barockzeit so etwas wie eine «Festschriftkultur» heraus: 74 solcher handgeschriebener und vereinzelt auch illustrierter Festgaben aus dem Kloster St.Gallen von 1672 bis 1797 sind heute noch nachweisbar und präsentieren Übersetzungen von Texten aus einer Sprache in eine andere, Zusammenfassungen von Büchern, teilweise mit eigenen «Forschungsarbeiten» ergänzt, Verzeichnisse und Kataloge von Münsterschatz, Bücher- und Münzbeständen, kleinere wissenschaftliche Arbeiten sowie poetische Werke, insbesondere die damals beliebten emblematisch-allegorischen Darstellungen in epischer, elegischer oder gar lyrischer Form.

Weder eindeutig zu den Liturgica noch zu den Festschriften zu zählen ist ein kleinstformatiges Büchlein (Höhe 12,1 cm; Breite 7,3 cm) von etwas über 100 Seiten Umfang, das der St.Galler Mönch Notker Grögle (1740–1816) im April 1766 für seinen sechzehnjährigen Schüler Alois Alexius Krauer (1750–1829) schrieb und illustrierte. Pater Notker Grögle wirkte nach seiner Priesterweihe 1765 als Lehrer an der Klosterschule von Neu St.Johann und war wohl einer der begabtesten Künstlermönche des 18. Jahrhunderts. Von ihm haben sich in verschiedenen Festschriften der Stiftsbibliothek aus den 1770er Jahren Buchillustrationen erhalten (so in den teils hebräischsprachigen Handschriften 1511, 1513 und 1514 oder im Band 1966B des Stiftsarchivs). Das kleine, einstmals dem Alois Alexius Krauer überreichte Bändchen kam erst im Jahre 1984 aus Privatbesitz in die Stiftsbibliothek:

- Lateinisches Erbauungs- und Gebetbüchlein über den heiligen Aloysius von Gonzaga: *Beatus Aloysius redivivus sive sanctioris et innocentis vitae principia* (Der wiedererweckte heilige Aloysius oder die Prinzipien eines heiligeren und unschuldigen Lebens). Die kunstvolle und zarte, mit Bibelworten angereicherte Titelminiatur sowie eine weitere Illustration zu Beginn der Widmungsadresse (Hl. Aloysius, das Kreuz haltend) stempeln das kleine Büchlein zu einem Kleinod spätsanktgallischer Buchkunst (Handschrift Nr. 1985).

Literaturhinweise

Zu den Antiphonarien des 18. Jahrhunderts: BEAT VON SCARPATETTI, Die Handschriften der Stiftsbibliothek St.Gallen. Beschreibendes Verzeichnis. Codices 1726–1984, St.Gallen 1983, S. 110* und S. 29–34 (Zitat S. 32) und S. 56–57. – JOHANNES DUFT, Weihnacht im Gallus-Kloster. Bilder und Texte aus der Stiftsbibliothek Sankt Gallen (= Bibliotheca Sangallensis 2), St.Gallen ³1986 (Zitat S. 86).

Zur Festschriftkultur des Klosters St.Gallen in der Barockzeit: KARL SCHMUKI, Festschriften aus dem barocken Kloster St.Gallen, in: Codices Sangallenses. Festschrift für Johannes Duft, hrsg. von PETER OCHSENBEIN und ERNST ZIEGLER, Sigmaringen 1995, S. 147–178.

Lateinisches Erbauungs- und Gebetbüchlein
über den heiligen Aloysius von Gonzaga
geschrieben und illustriert von P. Notker Grögle
(Handschrift Nr. 1985, Titelblatt – 2. Vitrine)

3. VITRINE

Wissenschaftliche Beschäftigung mit mittelalterlichen Sankt Galler Handschriften

Schon italienische Humanisten des frühen 15. Jahrhunderts wie Poggio Bracciolini erkannten die Wichtigkeit vieler in der Klosterbibliothek von St.Gallen gelagerter Handschriften. Sie entnahmen ihr vor allem Manuskripte mit einzig in St.Gallen erhaltenen Texten der Antike und führten diese mit nach Italien. Der St.Galler Humanist und Reformator Joachim von Watt, genannt Vadian (1484–1551) beschäftigte sich zu Beginn des 16. Jahrhunderts intensiv mit verschiedenen althochdeutschen und historischen Quellen von Klosterbibliothek und Klosterarchiv. Der Glarner Humanist Aegidius Tschudi (1505–1572) nutzte die Klosterbibliothek für seine historischen Forschungen. Laurentius Surius veröffentlichte 1574 als erster die Viten der heiligen Gallus und Otmar in einem Kölner Druck (*De probatis Sanctorum historiis*).

An der Wende vom 16. zum 17. Jahrhundert wurden vom aus Bischofszell stammenden Melchior Goldast (1576–1635) und vom Ingolstädter Kirchenrechtsprofessor Heinrich Canisius (um 1550/60–1610) längere Texte aus St.Galler Handschriften im Druck herausgegeben. Beide Gelehrten arbeiteten für ihre Textausgaben eng mit dem damaligen Klosterbibliothekar Pater Jodocus Metzler (1574–1639) zusammen, der bereitwillig auf die geäusserten Wünsche einging. Goldast edierte beispielsweise in seinen 1606 in Frankfurt erschienenen *Alamannicarum rerum scriptores aliquot vetusti* die Lebensbeschreibungen von Gallus, Otmar, Wiborada und Notker, die St.Galler Nekrologien und Annalen, die Klostergeschichte von St.Gallen, die *Casus sancti Galli*, aber auch verschiedene althochdeutsche Texte .Von Heinrich Canisius (*Antiquae lectiones*, Ingolstadt 1604) stammen unter anderem Erstausgaben des Bussbuches von Halitgar, der Briefe des Bischofs Faustus, verschiedener Dichtungen des Reichenauer Abtes Walahfrid Strabo oder der Martyrologien des Hrabanus Maurus und des Notker Balbulus, alle aus St.Galler Handschriften. Ebenso gab er aus einer Handschrift des 13. Jahrhunderts die Lebensgeschichte des Notker Balbulus heraus. Welch hohen Bekanntheitsgrad Kloster und vor allem Bibliothek von St.Gallen damals schon besassen, liest sich auf diversen Titelblättern der Canisius-Editionen: «Nunc primum ex Manuscriptis membranis Monasterii celeberrimi Sancti Galli editi – Jetzt zum erstenmal herausgegeben aus Pergamenthandschriften des hochberühmten Klosters St.Gallen».

Zwischen dem 31. Juli und 5. August 1683 weilte der französische Benediktinergelehrte Jean Mabillon (1632–1707) aus der Kongregation der Mauriner auf einer seiner zahlreichen Forschungsreisen im Kloster St.Gallen und beschäftigte sich, betreut durch Klosterbibliothekar Pater Hermann Schenk (1653–1706), in dieser Zeit vornehmlich mit den Handschriftenschätzen in der Bibliothek und den Urkunden im Klosterarchiv. Mabillon, als der grösste Gelehrte Frankreichs im 17. Jahrhundert gepriesen, hatte vorher gemeinsam mit seinem Begleiter Michael Germain die Benediktinerklöster und -bibliotheken von Einsiedeln und Fischingen besucht und reiste anschliessend nach Bregenz und Süddeutschland weiter. Nachdem er vorher bereits die Werke von Bernhard von Clairvaux im Druck herausgegeben hatte und Mitarbeiter an den *Acta Sanctorum Ordinis Sancti Benedicti* gewesen war, veröffentlichte er später eine wissenschaftliche Diplomatik und Paläographie (*De re diplomatica*) und arbeitete an einer großen Geschichte des Benediktinerordens, den *Annales Ordinis Sancti Benedicti*. Diese erschien in sechs Bänden zwischen 480 und 1157 und würdigt eingehend auch Aufstieg und Blüte des Klosters St.Gallen. In seinem Reisebericht *Iter Germanicum* schildert er seine Eindrücke aus St.Gallen und nennt auch Handschriften, denen er sein spezielles Augenmerk zuwandte, etwa die Weltgeschichte des Orosius (Handschrift Nr. 621), das Handbuch des Grimald (Handschrift Nr. 397) oder die seit 1712 in Zürich befindlichen *Institutiones oratoriae* des Quintilian (ZB ZH, C 74a).

Bei seinem Besuch im Galluskloster sah Jean Mabillon auch den St.Galler Klosterplan (vgl. Vitrine 9), den ältesten aus dem Mittelalter erhaltenen Bauplan. Davon beeindruckt, legte er ein Jahr nach seinem Besuch schriftlich Pater Hermann Schenk den Wunsch nahe, eine Kopie des Planes zu erhalten. Der St.Galler Bibliothekar liess durch einen unbekannten Zeichner eine Nachzeichnung besorgen, die aber weder vollständig noch detailgetreu war. Mabillon gab von dieser Kopie einen Kupferstich in Auftrag und bettete diesen an jener Stelle in den zweiten Band seiner *Annales Ordinis Sancti Benedicti* in den Text ein, wo von den Neubauten unter Abt Gozbert um 830/835 die Rede ist:

– Das älteste «Faksimile» des St.Galler Klosterplans im zweiten Band von Mabillons *Annales Ordinis Sancti Benedicti*, 1704: Jean Mabillon begnügte sich nicht einfach mit der Wiedergabe des Planes, im Textteil geht er auch ausführlich auf dieses einzigartige Denkmal ein: «In der Bibliothek von St.Gallen wird eine Tafel nach dem Abbild einer Karte, wie sie sagen, aufbewahrt, auf der eine ichnographische Zeichnung der Kirche des heiligen Gallus wie auch des gesamten Klosters dargestellt ist ... Die Verse schrieb mit eigener Hand ab und schickte uns der fromme und gebildete Hermann Schenk, damals Bibliothekar an jenem Ort». Auf die Wiedergabe der einzelnen Inschriften im Plan verzichtete Mabillon, da man diese bereits bei Heinrich Canisius (*Antiquae lectiones*, Band 5, 2. Teil, S. 780 ff.) nachlesen könne. Diesen Idealplan hielt der französische Gelehrte noch für den verwirklichten Grundriss des karolingischen Gallusklosters (Bandsignatur: S I I 1, Bd. 2, zwischen S. 570 und 571).

Auch im 18. Jahrhundert beschäftigten sich viele auswärtige Gelehrte mit St.Galler Handschriften des Mittelalters. Unter Mithilfe des Klosterbibliothekars Pater Bernhard Frank von Frankenberg (1692–1763) veröffentlichte Johann Georg Scherz 1726 in hoher typographischer Qualität unter anderem erstmals vollständig den althochdeutschen Psalter Notkers des Deutschen und eine interlineare althochdeutsche Benediktinerregel aus einer heute verlorenen Handschrift der St.Galler Bibliothek (Johannes Schilter, Bd. 1 des *Thesaurus antiquitatum Teutonicarum*). Für eine geplante Geschichte der christlichen Liturgie nahm der bereits 76jährige Bibelphilologe und Historiker Augustin Calmet, Abt des Benediktinerklosters Senones im Elsass, vom 3. bis zum 6. Juli 1748 Einsicht in verschiedene St.Galler Handschriften. Einige der von ihm konsultierten Manuskripte erwähnt und beschreibt er in seinem *Diarium Helveticum.* Ganz generell lässt sich sagen, dass ein Besuch in der Klosterbibliothek nachgerade zu einem «Muss» für den gebildeten St.Gallen-Besucher des 18. Jahrhunderts wurde.

Der vorgenannte Jean Mabillon war auch das Vorbild des österreichischen Benediktinermönchs Bernhard Pez (1683–1735) aus dem Kloster Melk. Pez unternahm verschiedene Archiv- und Bibliotheksreisen in Österreich, Bayern und Frankreich, publizierte wichtige Quellen und versuchte, die österreichischen und bayrischen Benediktiner im Geiste der Mauriner wissenschaftlich zu schulen. Seine grössten Ziele, die Herausgabe einer benediktinischen Literaturgeschichte und die Gründung einer deutschsprachigen Akademie des Benediktinerordens, blieben ihm jedoch versagt.
Zwar weilte Bernhard Pez nie im Kloster St.Gallen zu Besuch. Seine angeschlagene Gesundheit und die Beschlagnahmung und Auslagerung der Bibliotheksbestände von St.Gallen 1712 bis 1720 durch Zürich und Bern verhinderten dies. Jedoch stand er in brieflichem Kontakt mit dem Kloster-

Benediktinische Gelehrsamkeit des 18. Jahrhunderts
Titelblatt zum *Thesaurus anecdotorum novissimus*
herausgegeben von P. Bernhard Pez im Jahre 1721
(Bandsignatur: EE m I 5 – 3. Vitrine)

bibliothekar Pater Mauritius Müller (1677–1745). Der rastlose Benediktiner-Historiker gab im ersten, 1721 in Augsburg und Graz erschienenen Band seines *Thesaurus anecdotorum novissimus* drei aus St.Gallen stammende Texte im Druck heraus. Die den Editionen von Notkers *Notatio de illustribus viribus*, von Jodocus Metzlers *De viris illustribus monasterii sancti Galli* und den Sequenzen des Notker Balbulus zugrundeliegenden Handschriften stammten nicht aus St.Gallen. Notkers *Notatio*, in St.Gallen heute ohnehin nicht mehr erhalten, entnahm er einer Handschrift aus Zwettl; Jodocus Metzler's biographische Arbeit über berühmte Äbte und Mönche aus dem Kloster St.Gallen liess er aus einer eigenhändigen Abschrift Metzlers transkribieren, die dieser 1606 ins Wiener Schottenkloster geschickt hatte und die sich auch über 100 Jahre später noch dort befand.

– Erstedition von 23 Sequenzen des Notker Balbulus (um 840–912) durch Bernhard Pez im ersten Band seines *Thesaurus anecdotorum novissimus* im Jahre 1721: Der Melker Stiftsbibliothekar veröffentlichte nur die Sequenzentexte, nicht aber die dazugehörigen Musiknoten der Neumen. Vorlage war auch hier keine St.Galler, sondern eine Regensburger Handschrift aus St.Emmeram. Da alle Sequenzen anonym überliefert sind, ist es sehr schwierig, im Wust der Überlieferung die authentischen Notker-Sequenzen zu bestimmen. Von den in der Edition von Pez gedruckten 38 Sequenzen sind gemäss dem Notker-Forscher Wolfram von den Steinen sicher 23 echte Notker-Texte (Bandsignatur: EE m I 5)

– Die Sequenzen des Notker Balbulus: Gemäss neuesten Untersuchungen wurde diese musikwissenschaftlich grundlegende Sammelhandschrift mit Versicularium, Hymnar, Tropar und Sequentiar ungefähr in der Mitte des 10. Jahrhunderts im Kloster St.Gallen geschrieben und mit den mittelalterlichen Musiknoten der Neumen am Rand versehen. Sie enthält sämtliche 40 dem Notker Balbulus zugeschriebene Sequenzen. Sequenzen sind liturgische Einschaltgesänge im Gottesdienst zwischen Epistel und Evangelium, die vom 10. Jahrhundert bis zum Tridentinischen Konzil in der Mitte des 16. Jahrhunderts in allen Kirchen des Abendlandes erklangen (Handschrift Nr. 381, S. 326–498).

Zu den bedeutendsten Gelehrten des 18. Jahrhunderts gehörte auch Martin Gerbert (1720–1793), Mönch, Historiker und ab 1764 Abt des Klosters St.Blasien im Schwarzwald, «deutscher Mabillon» genannt, der in seinem Kloster eine eigentliche Gelehrtenakademie begründete und betrieb. Er besuchte 1760 auf seiner Schweizerreise auch das Kloster St.Gallen, dessen Bibliothek in jener Zeit wegen des Neubaus der Bibliothek im Dépendance-

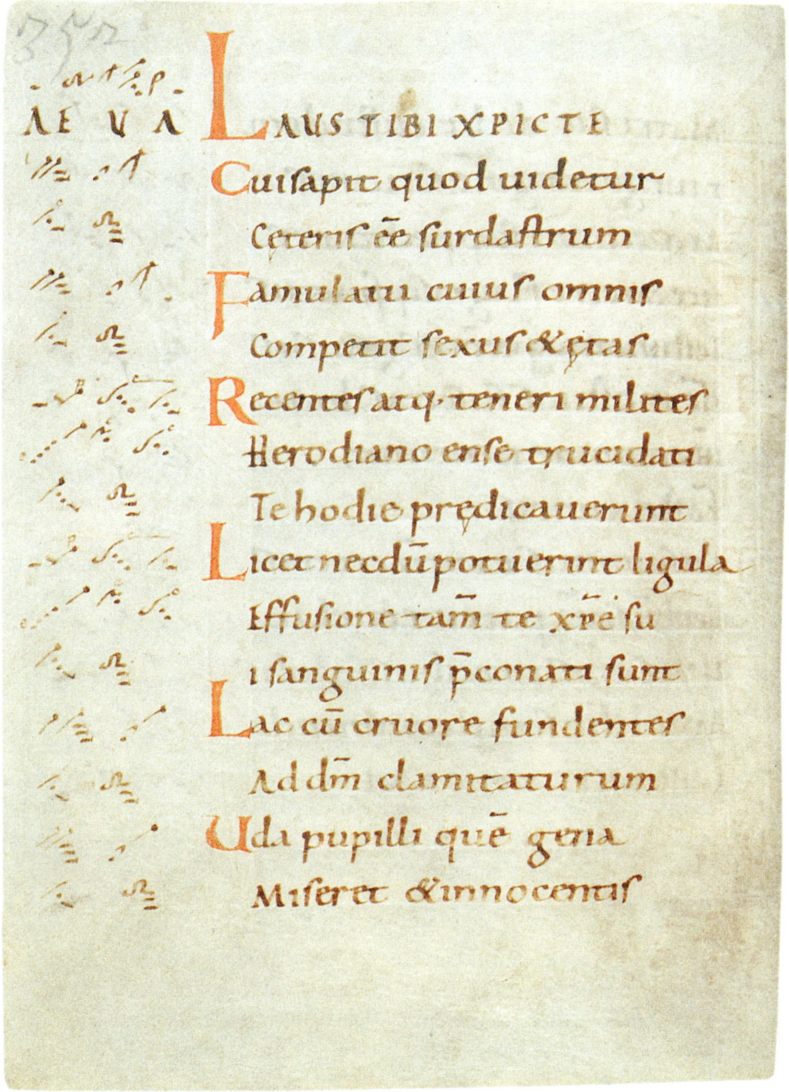

Laus tibi Christe: Sequenz zum Festtag der Unschuldigen Kinder
gedichtet vom St.Galler Mönch Notker Balbulus (um 840–912)
in einem Sequentiar, geschrieben um 950
(Handschrift Nr. 381, S. 352 – 3. Vitrine)

Kloster Mariaberg bei Rorschach untergebracht war. In seinem Reisebericht *Reisen durch Alemannien, Welschland und Frankreich...* erzählt er ausführlich von seinem mehrtägigen Aufenthalt in St.Gallen und Rorschach, von der guten Betreuung durch Pater Pius Kolb, «den Büchervorsteher daselbst», von zahlreichen Handschriften, die er einsehen durfte, so den Folchart-Psalter (Handschrift Nr. 23), das Martyrologium des Ado von Vienne (Handschrift Nr. 454), die *Casus sancti Galli* von Ekkehart IV. (Handschrift Nr. 615), die althochdeutsche Evangelienharmonie des Tatian (Handschrift Nr. 56). Auch auf einzelne Werke Notkers des Deutschen kommt Martin Gerbert, der sich vor allem in Kirchen-, Liturgie- und Musikgeschichte betätigte und daneben auch regionalgeschichtlich tätig war (er verfasste eine Geschichte des Schwarzwaldes), eingehend zu sprechen. Aber ein Werk Notkers, das er sicherlich eingesehen hatte und das er als erster 1784 im Druck herausgeben sollte, erwähnt er in seiner Reisebeschreibung nicht:

– Erstedition des althochdeutschen Musiktraktates von Notker dem Deutschen durch Martin Gerbert im ersten Band seines Werkes *Scriptores ecclesiastici de musica sacra:* Das Werk, eine chronologisch gegliederte Ausgabe musiktheoretischer Texte des Mittelalters in drei Bänden, wurde nach ausgiebigen Forschungen des Verfassers in zahlreichen Bibliotheken in Italien, Frankreich und Deutschland in der Klosterdruckerei von St.Blasien im Jahre 1784 herausgegeben. Gerbert nennt Notker Balbulus oder Notker den Deutschen als wahrscheinlichen Verfasser dieses in einer St.Galler Handschrift des 11. Jahrhunderts anonym überlieferten Traktates. Als Erläuterung für die an der lateinischen Sprache orientierte wissenschaftliche Welt seiner Zeit fügte Martin Gerbert eine im Original nicht vorhandene Parallelübertragung des Musiktraktates in die lateinische Sprache hinzu (Bandsignatur: H m V 3, S. 95–102).

– Der althochdeutsche Musiktraktat Notkers des Deutschen: Das Werk ist zwar anonym überliefert, aber von der wissenschaftlichen Forschung wird es gemeinhin Notker dem Deutschen zugeschrieben. Der Traktat ist – im Gegensatz zu den meisten anderen Werken von Notker – mit Ausnahme der Kapitelüberschriften ausschliesslich in althochdeutscher Sprache gehalten. Er handelt in fünf Kapiteln – das erste Kapitel über die Monochordmensur fehlt in der St.Galler Abschrift – über die Tonskala («De octo tonis»), über die Tetrachorde («De tetrachordis»), über die Tonarten und die Oktavleitern («De octo modis») sowie über das Mass der Orgelpfeifen («De mensura fistularum organicarum»). Welche Quellen der Verfasser benutzt hat, lässt sich schwerlich sagen, da er keine Gewährsleute angibt. Der Musiktraktat von Notker dem Deutschen gilt als älteste Musikabhandlung in deutscher Sprache; er erweckt den Eindruck eines für die Unterweisung in der Klosterschule bestimmten praktischen Elementarbuches der Musik. Ausgestellt ist die einzige, in St.Gallen erhaltene Abschrift in einer Sammelhandschrift mit Texten aus dem 9. bis 11. Jahrhundert, u.a. mit Aldhelms *Enigmata* oder dem *Carmen paschale*, der grossen heilsgeschichtlichen Dichtung des Sedulius (Handschrift Nr. 242, S. 10–16).

Aber nicht nur auswärtige Gelehrte aus den verschiedensten Wissensgebieten, auch verschiedene St.Galler Mönche selbst befassten sich mit den in Bibliothek und Archiv aufbewahrten Dokumenten. So wurde die klosterinterne Geschichtsschreibung, die der Mönch Ratpert kurz vor 900 mit seinen *Casus sancti Galli* eingeleitet und die verschiedene Mönche und Stadtbürger in späteren Jahrhunderten fortgesetzt hatten, in der Barockzeit weitergeführt. Die Patres Jodocus Metzler, Magnus Brülisauer, Chrysostomus Stipplin, Ulrich Aichheim, Hermann Schenk, Mauritius Müller, Basil Balthasar, Magnus Hungerbühler, Gerold Brandenberg und Joseph Bloch sind die bedeutendsten Sankt Galler Geschichtsschreiber des 17. und 18. Jahrhunderts. Während deren Werke jedoch ungedruckt und wenig bekannt in Stiftsbibliothek und Stiftsarchiv konserviert werden, erlangte die Geschichte des Klosters, die der ehemalige St.Galler Konventuale Ildefons von Arx nach der Klosteraufhebung in seinen dreibändigen *Geschichten des Kantons St.Gallen* (1810–1813) erzählte, grösseren Bekanntheitsgrad.

Natürlich kannten auch die meisten Bibliothekare der Barockzeit ihre Handschriftenschätze genau und wussten diese in ihrer Bedeutung einzuschätzen. Dies betraf vor allem jene Mönche, die wie etwa Hermann Schenk, Mauritius Müller, Pius Kolb oder Johann Nepomuk Hauntinger von ihrem Abt die Möglichkeit erhielten, sich längere Zeit als Bibliothekar betätigen zu dürfen. Bekanntlich war damals in den Klöstern häufige Ämterrotation gang und gäbe, was einer optimalen Betreuung und Erschliessung der Klosterbibliothek eher abträglich war. Hermann Schenk und Aemilian Zeller, besonders aber Pius Kolb und Johann Nepomuk Hauntinger verfassten Handschriften- und andere Bibliothekskataloge. Intensiv arbeiteten sie sich, wie beispielsweise Pater Pius Kolb mit seinem damals und auch heute noch als Meisterstück gepriesenen zweibändigen Handschriftenkatalog, in die Bestände ihrer anvertrauten Bibliothek ein. Angesichts des bedeutenden Reichtums an alten Handschriften, Urkunden und gedruckten Büchern hätte die Klosterbibliothek allerdings von den eigenen Mönchen weit fleissiger zu wissenschaftlichen Studien benutzt und ausgelotet werden können und müssen, als es in St.Gallen der Fall war. Chorgebet und -gesang, vor allem aber die

Verwaltung des grossen Besitzes und die Seelsorge absorbierten die meisten Kräfte.

Schon Klosterschüler und junge Fratres beschäftigten sich in Festschriften vereinzelt mit mittelalterlichen Handschriften der Bibliothek. So widmeten die Fratres juniores, die Priesteramtskandidaten von St.Gallen, ihrem Dekan Hyazinth Fränklin (1724–1781) einen Auszug aus Bernard de Montfaucon's *Palaeographia graeca* und bereicherten diese Festgabe mit einem zusätzlichen Abschnitt über drei in griechischer Sprache geschriebene Codices der Bibliothek (Handschriften Nrn. 17, 48 und 902). Zu diesen kleineren Forschungsarbeiten gehört auch eine literarische Studie der St.Galler Theologiestudenten über die Gelehrsamkeit der St.Galler Mönche zur Zeit der beiden Hausheiligen Gallus und Otmar (7./8. Jahrhundert):

- *De studiis litterariis monachorum S. Galli ... a S. Gallo usque ad S. Othmarum* (Über die Gelehrsamkeit der St.Galler Mönche vom heiligen Gallus bis zum heiligen Otmar): Das Kloster St.Gallen, so schreiben die Fratres juniores in ihrer Vorrede an Subprior und Novizenmeister Joachim Endras (1741–1799), habe nicht nur zahlreiche heilige, sondern auch eine Vielzahl von gelehrten Männern hervorgebracht, die den Konvent im Steinachtal vor allen anderen Klöstern Germaniens ausgezeichnet hätten. Der in vier Teile gegliederte Text besitzt einen kleinen wissenschaftlichen Apparat, in dem die jeweils konsultierten Quellen mit Anmerkungsnummern genannt werden. Ihre Hauptquellen waren die Lebensgeschichte des heiligen Gallus nach Walahfrid Strabo, die Vita des heiligen Kolumban von Jonas von Bobbio, die Klostergeschichte von Pater Jodocus Metzler sowie einige gedruckte Werke der Klosterbibliothek (Handschrift Nr. 1418).

- Die Vita des heiligen Gallus: Verfasst hat Walahfrid Strabo seine Gallus-Vita in 80 Kapiteln (34 vom Leben und Sterben des Gründerheiligen; 46 über die nach dem Tod geschehenen Wunderzeichen) in den Jahren 833/834 auf Veranlassung des St.Galler Abtes Gozbert. Ausgestellt ist die älteste erhaltene Abschrift in einer in der zweiten Hälfte des 9. Jahrhunderts geschriebenen, einheitlich kalligraphierten Prachthandschrift aus dem Kloster St.Gallen. Im selben Band finden sich auch Lebensgeschichte und Wunderzeichen des zweiten St.Galler Gründerheiligen, des heiligen Otmar (Handschrift Nr. 562, S. 1–112).

Literaturhinweise

Zur wissenschaftlichen Beschäftigung mit St.Galler Handschriften: GALL HEER, Johannes Mabillon und die Schweizer Benediktiner, St.Gallen 1938. – Ildefons von Arx 1755–1833 (wie Vitrine 1). – Stefan Sonderegger, Schatzkammer deutscher Sprachdenkmäler. Die Stiftsbibliothek Sankt Gallen als Quelle germanistischer Handschriftenerschliessung vom Humanismus bis zur Gegenwart (= Bibliotheca Sangallensis 7), St.Gallen/Sigmaringen 1982.

Zu Jean Mabillon und seinem Besuch in St.Gallen: HENRY LECLERQ, Mabillon:, in: Dictionnaire d'Archéologie Chrétienne et de Liturgie, Bd. 10/I, Paris 1931, Sp. 427–724. – GALL HEER, Johannes Mabillon (wie oben). – HENRY LECLERQ, Dom Mabillon, 2 Bände, Paris 1953–1957. – JOHANNES DUFT, Aus der Geschichte des Klosterplans und seiner Erforschung, in: DERS. (Hrsg.), Studien zum St.Galler Klosterplan (= Mitteilungen zur Vaterländischen Geschichte St.Gallen 42), St.Gallen 1962, S. 33–56 (bes. S. 37 f.). – WERNER VOGLER, Jean Mabillon, der Begründer der kritischen Urkundenforschung und das Kloster St.Gallen, in: Rorschacher Neujahrsblatt 74 (1984), S. 72–82.

Zu Bernhard Pez: GALL HEER, P. Bernhard Pez von Melk OSB (1683–1735) in seinen Beziehungen zu den Schweizer Klöstern, in: Festschrift für Oskar Vasella, Freiburg i.Ü. 1964, S. 410–420.

Zur Sequenzenhandschrift Nr. 381: WULF ARLT und SUSAN RANKIN, Stiftsbibliothek St.Gallen, Codices 381 und 484, Faksimile- und Textband (Arbeitstitel; erscheint demnächst im Druck).

Zum St.Gallen-Besuch und zur Person von Martin Gerbert: MARTIN GERBERT, Reisen durch Alemannien, Welschland und Frankreich, Ulm/Frankfurt/Leipzig 1767, S. 75–107. – GALL HEER, Johannes Mabillon (wie oben), S. 304 f. – FRANZ M. HILGER, Martin Gerbert, Fürst und Abt von St.Blasien, Konstanz 1970. – Zum Musiktraktat Notkers des Deutschen: WALTER NEF, Vom Musiktraktate des Notker Labeo, in: Schweizerische Musikzeitung 1947, Nr. 8/9. – ANDREAS TRAUB, Der Musiktraktat Notkers des Deutschen, in: Deutsche Literatur und Sprache von 1050–1200. Festschrift für Ursula Hennig, hrsg. von ANNEGRET FIEBIG und HANS-JOCHEN SCHIEWER, Berlin 1995, S. 333–345. – MARTIN VAN SCHAIK, Notker Labeo, De Musica. Edition, Übersetzung und Kommentar, Utrecht 1995.

Zu Festschriften aus dem barocken St.Gallen: SCHMUKI, (wie Vitrine 2).

Zur Gallus-Vita: JOHANNES DUFT, Die Quellen zum Gallus-Leben, in: Die Abtei St.Gallen Band 2: Beiträge zur Kenntnis ihrer Persönlichkeiten, Sigmaringen 1991, S. 11–27 (bes. S. 18–21).

4. VITRINE

Die Klosterbibliothek Sankt Gallen als Kuriositätensammlung

Gleich wie Fürsten und Könige, Städte und manche Privatleute legten verschiedene Klöster, darunter auch St.Gallen, im 17. und vor allem im 18. Jahrhundert in zunehmendem Masse Sammlungen an. Darin sollte sich gleichsam die Vielfalt der Welt widerspiegeln. So schaffte die Klosterbibliothek von St.Gallen im ausgehenden 17. und im 18. Jahrhundert nicht nur handgeschriebene und gedruckte Bücher an: Durch Kauf, Tausch oder geschenkweise erwarb man auch Münzen und Medaillen, Kunstgegenstände, technische Geräte, mathematische und astronomische Instrumente, Mineralien, Versteinerungen, Muscheln sowie Kuriositäten aller Art. Museen im heutigen Sinn gab es noch nicht; diese Sammlungen waren gewissermassen wenig spezialisierte Vorgängerinstitute. In Reiseberichten jener Jahre über das Kloster St.Gallen nimmt die Beschreibung des Raritäten- und Kuriositätenkabinetts oftmals breiteren Raum ein als die Würdigung der Handschriftenschätze und des Bibliothekssaales. Berühmteste Rarität der Klosterbibliothek von St.Gallen war der über zwei Meter hohe Erd- und Himmelsglobus, den Fürstabt Bernhard Müller im Jahre 1595 von Konstanzer Apotheker Lukas Stöckli erworben hatte. Als besondere Zierde stand er bis zum Jahre 1712 in der Renaissance-Bibliothek, von wo er bei der Besetzung des Klosters St.Gallen als Kriegsbeute nach Zürich verschleppt wurde. Heute befindet sich dieser Globus widerrechtlich als eine der grossen Attraktionen im Schweizerischen Landesmuseum in Zürich. Im alten, im Jahre 1758 dem Erdboden gleichgemachten Bibliothekssaal aus den Jahren 1551 bis 1553 hing beispielsweise, so meldet ein Reisebericht eines Zürchers aus dem Jahre 1745 (Burgerbibliothek Bern, Mül. 18), an der Wand auch «eine sehr lange und breite Chart, darauf die ganze Statt Paris gar schön und accurat [genau] entworfen ist».

Auch wenn die meisten Gegenstände aus der Kunstsammlung der Bibliothek sich heute nicht mehr an Ort und Stelle befinden, schmücken doch einzelne Kunstobjekte noch in unseren Tagen den Barocksaal oder die Handschriftenkammer der Stiftsbibliothek. Über den beiden Galerietüren auf der Nord- und Südseite des Saales hängen seit 250 und mehr Jahren zwei Gemälde. Das Gemälde auf der Südseite zeigt die tote heilige Cäcilia, genau

so wie sie Stefan Maderno 1599 für die Grabkirche der Heiligen (Santa Cecilia Trastevere) plastisch gestaltet hat. Der sich zu Studienzwecken in Rom aufhaltende St.Galler Bibliothekar Jodocus Metzler (1574–1637) erwarb das Bild 1602 für Abt Bernhard Müller.
Das über zwei Meter lange und sehr schmale Bild oberhalb der Eingangstür zur Handschriftenkammer stellt Christus im Grab dar und ist die Kopie eines Gemäldes von Hans Holbein dem Jüngeren aus der ersten Hälfte des 16. Jahrhunderts (heute Öffentliche Kunstsammlung Basel). Das Ölgemälde wurde 1724 von Abt Joseph von Rudolphi antiquarisch in der Stadt St.Gallen erworben.
Einige weitere Gemälde hingen über die Klosteraufhebung hinaus bis 1863 in der Handschriftenkammer oder im Barocksaal der Bibliothek und wurden dannzumal auf Wunsch des St.Galler Bischofs Karl Johann Greith (1862–1882) an die neuangelegte Bischöfliche Kunstsammlung abgetreten. Die Stiftsbibliothek habe die Bilder nicht der Bischöflichen Kunstsammlung abgegeben, sondern «diese seien nur zeitweilig in die bischöfliche Wohnung zu bringen gestattet worden», heisst es im entsprechenden Eintrag im Protokoll der Bibliothekskommission vom 23. November 1863. Andere Gemälde, die am Ende des 18. Jahrhunderts der Bibliothek gehörten, waren bereits vor 1863 verschwunden. Bibliothekar Pater Johann Nepomuk Hauntinger notierte in seinem Akzessionskatalog der Jahre 1780 bis 1792 (Handschrift Nr. 1285, S. 233–235) beispielsweise den Erwerb von 18 Gemälden und 54 Kupferstichen. Darunter befanden sich ein Porträt des Paracelsus, die Darstellung des letzten Abendmahls oder ein Gemälde eines italienischen Meisters mit der heiligen Cäcilia, «wie sie en Négligée ihre Morgenandacht in Gesellschaft zweener Engel verrichtet». «Ein herrlich Stück», kommentierte Hauntinger. Von denjenigen Gemälden, die 1863 leihweise in die Bischöfliche Kunstsammlung übergingen, ist wechselweise eines der zwei nachgenannten Ölbilder ausgestellt:

- Die Geisselung Christi: Das Ölgemälde auf Holz (43,5 x 32,2 cm) wurde von einem unbekannten Meister in der zweiten Hälfte des 16. Jahrhunderts gemalt. Es ist bereits 1792 als Besitz der Klosterbibliothek bezeugt und war ein Geschenk von Dekan Cölestin Schiess (1728–1798): «Ein Gemälde auf Holz, in Holbeins Geschmacke, stellt die Geißlung vor», lautet der Eintrag im Akzessionskatalog von Johann Nepomuk Hauntinger.

- Die heilige Familie: Aufgrund des Monogramms H. S. und der Jahreszahl 1513 lässt sich dieses Ölgemälde (50 x 30 cm) eindeutig dem aus Nürnberg stammenden Maler Hans Leonhard Schäuffelein (um 1480/85–

1538/40) zuordnen. Maria reicht ihrem Sohn Jesus, der auf dem Schoss der heiligen Anna, ihrer Mutter sitzt, eine Frucht. Unter der Palme erkennen wir Joachim, den Vater Marias (oder ist es Joseph?). Im Hintergrund öffnet sich der Blick auf eine durch Türme bewehrte Brücke.

Ebenfalls zu den Kunstgegenständen im Barocksaal der heutigen Stiftsbibliothek ist jenes Ecce-Homo-Bild zu zählen, das auf einem Fenstersims auf der Ostseite des Saales steht. Johann Michael Büchler aus «Gmündt» zeichnete das Bild des dornengekrönten Christus und schrieb mit der Feder in Mikroschrift in die Haare, den Bart und die Augenbrauen in deutscher Sprache die vollständige Passionsgeschichte Jesu ein. Der Passionstext kann nur mit einer stark vergrössernden Lupe gelesen werden. Das Ecce-Homo-Bild offerierte und widmete der aus Schwäbisch-Gmünd stammende Künstler zu einem unbekannten Zeitpunkt dem St.Galler Fürstabt Gallus Alt (1654–1687), und er dürfte dafür, wie es im 17. Jahrhundert gang und gäbe war, aus der fürstäbtischen Kasse eine gewisse «Honoranz», eine Belohnung, erhalten haben.

Fast in allen Reiseberichten des 18. Jahrhunderts ist vom Münz- und Medaillenkabinett der Klosterbibliothek die Rede: Es war die neben den frühmittelalterlichen Handschriften wohl meistbeachtete Sammlung des Klosters. Im Gegensatz zur umfangreichen Sammlung von Mineralien, Versteinerungen und weiteren Gegenständen der Naturkunde, die 1836 der katholischen Kantonsschule abgetreten wurde, ist die Münzsammlung in einem eigenen, mit *Nummophylacium* überschriebenen Schrank in der Handschriftenkammer der Stiftsbibliothek noch erhalten. Allerdings wissen nur noch Eingeweihte um die Existenz dieser weit über 1000 Münzen und Medaillen umfassenden Sammlung. Von Fachleuten wird sie als «gut gepflegte und zu jener Zeit vorbildlich erschlossene typische Klostersammlung» eingestuft. Abt Joseph von Rudolphi war der Begründer und große Förderer des Münzkabinettes. Am 3. November 1738 kam ein Winterthurer Bürger namens Sulzer für vier Tage nach St.Gallen, um als erfahrener Kenner der Materie das neue *Nummophylacium* einzurichten. Es sei in allen namhaften Bibliotheken üblich, schreibt der St.Galler Abt dazu in sein Tagebuch, «ein wohl eingerichtes MedalienCabinet aufzurichten, als welches die Anima Historiae [die Seele der Geschichte] ist». Das Münz- und Medaillenkabinett, in dem alte (teilweise auch gefälschte) römische Münzen den Hauptanteil ausmachen, erfuhr auch in den kommenden Jahren und Jahrzehnten fleissige Förderung. So kaufte Abt Joseph von Rudolphi im November 1739 einige Hundert Münzen. «Hab heut ein zimliches Cabinet von etlich hundert Stuckh alter Medalien für die Bibliothec per 500 fl. [Gulden] erkauft», bemerkt er in

Die heilige Familie.
Ölgemälde von Hans Schäuffelein, 1513
(Gemäldesammlung – 4. Vitrine)

seinem Diarium. Münzen und Medaillen gehörten in den folgenden Jahren zu den häufigsten Erwerbungen der Bibliothek: Dies bezeugen zahlreiche Eintragungen im *Monumentum gratitudinis* (Verzeichnis der Gönner) der Klosterbibliothek. Durch Kauf oder Schenkung konnten dem Münzkabinett bis zum Ende der Klosterzeit 1798 mehrere Hundert Medaillen und Münzen einverleibt werden. 83 alte und neue Münzen und Medaillen wurden allein zwischen 1780 und 1792 erworben. Ein Besucher aus Zürich beschreibt im Jahre 1781 die Münzsammlung so: «Ein Münz- und Medaillencabinet von mehr als 4000 Stücken, die 126 schwarz gebeizte Rahmen füllten, wurden in Schubtruken aus dem schönen Wandkasten herausgezogen. Man kann die Münzen auf beyden Seiten betrachten». Aus der Münz- und Medaillensammlung der Stiftsbibliothek sind zehn Stücke ausgestellt:

- Münze des römischen Kaisers Hadrian (117–138)
- Münze der Artemisia, der Witwe des karischen Dynasten Maussollos (377–353 v. Chr.). Vorderseite: Bildnis der Artemisia. Rückseite: das Grabmal des Maussollos, das berühmte Mausoleum von Halikarnassos (ΜΑΥΣΩΛΕΙΟΝ)
- Medaille in Gold von Papst Innozenz XI. (1676–1689) von 1684
- Medaille in Silber der österreichischen Kaiserin Maria Theresia (1740–1780) zur Geburt von Thronfolger Joseph am 13. März 1741
- Medaille des Schweizer Reformators Huldrych Zwingli (1484–1531) aus einer Serie von 24, vom Genfer Jean Dassier (1676–1763) geprägten Reformatorenmünzen
- Medaille in Silber der Stadt Basel aus den Jahre 1691. Bild von Gross- und Kleinbasel mit der Rheinbrücke auf der Vorderseite. Die Medaille wurde vom eidgenössischen Kanton Basel jeweils geschenkweise an eidgenössische Gesandte abgegeben.
- Gedenkmedaille an die Rückeroberung von Buda von den Türken 1686. Darstellung der belagerten Stadt Buda auf der Vorderseite
- Gedenkmedaille für den Schweizer Landespatron Niklaus von Flüe (1417–1487) zur Erhebung von dessen Gebeinen im Jahre 1732
- Medaille mit den Wappen der 13 Orte der Eidgenossenschaft (Vorderseite) und ihrer zugewandten Orte (inklusive Abtei und Stadt St.Gallen) auf der Rückseite. 1548 als Patengeschenk der eidgenössischen Orte für die französische Prinzessin Claudia, Tochter Heinrichs II. (1547–1559), geprägt
- Taler des Klosters St.Gallen von 1780 mit dem Abtwappen von Beda Angehrn (1767–1796) und den äbtlichen Insignien auf der Vorderseite sowie dem holztragenden Bären als Wappentier der Abtei St.Gallen auf der Rückseite

Im übrigen besitzt die Stiftsbibliothek eine ausserordentlich gut bestückte numismatische Literatur aus dem 18. Jahrhundert, mit deren Hilfe es Pater Anselm Caspar (1768–1829) in den 1790er Jahren möglich war, die Münzen und Medaillen katalogartig sehr detailreich zu beschreiben und zu bestimmen.

Die meisten Gegenstände aus der Kuriositätensammlung der Bibliothek sind heute leider nicht mehr erhalten. Ein Akzessionsverzeichnis des 17. und

Zwei Münzen aus dem Münzkabinett der Stiftsbibliothek
Oben: Artemisia-Münze
Unten: Taler des Klosters St.Gallen, 1780
(Münzsammlung – 4. Vitrine)

18. Jahrhunderts in Handschrift Nr. 1280 und verschiedene Reiseberichte orientieren uns über einzelne dieser Exklusivitäten. So wurde den Besuchern beispielsweise eine große, 9 Pfund schwere Kugel gezeigt, die 1733 im Darm eines Pferdes gefunden worden war, das dem Müller Sebastian Niederer aus St.Gallen-Tablat gehört hatte. Die Kugel hätte den Darm des ungefähr 12 Jahre alten Pferdes gesprengt. 6 Jahre habe der Müller das Pferd im Besitz gehabt, und niemals hätte dieses sich von der Existenz dieser Kugel im Darm etwas anmerken lassen («niemahlen was an ihme verspühret als einen grossen Bauch»). Ebenfalls von vielen Gästen stark beachtet wurden ein Säbel aus der Schlacht bei Höchstädt in Bayern (1703/04), auf dem die Namen aller bayrischer Kurfürsten notiert waren, eine Keule, die zugleich «mit einer Büchse zum Schiessen und einer Gabel zum Stechen versehen» war, sowie ein «Schlachtschwert», mit dem der Goldacher Ammann Wilhelm Brager einem Priester, der sich öffentlich für die Annahme der Reformation ausgesprochen hatte, den Schädel spaltete. Letzteres war ein Geschenk des Rorschachers Anton Heer, und dieses Schwert wurde, wie uns der Reisebericht eines österreichischen Zisterziensermönchs beweist, noch im Jahre 1823 den Gästen gezeigt. Während all diese kriegerischen Gegenstände heute vermisst werden – kein Dokument orientiert uns leider über den weiteren Verbleib –, sind in dem mit *Nummophylacium* überschriebenen Münzschrank andere, weniger spektakuläre Stücke noch erhalten. Drei von ihnen sind stellvertretend in dieser Ausstellung zu sehen:

– Schraubflasche aus Elfenbein: Das um 1600 geschaffene Gefäss zeigt auf der Wandung umlaufend eine aus Elfenbein geschnitzte figürliche Darstellung mit zwei Szenen aus der alttestamentlichen Josephs-Geschichte: Die Frau des Potiphar klagt, vor ihrem Gatten kniend und Josephs Gewand vorzeigend, letzteren der Sünde an (Gen 39, 7–23). In der zweiten Szene deutet Joseph seinen Mitgefangenen, dem Obermundschenk des Pharao und dem Oberbäcker, die Träume (Gen 40, 1–23).

– Becher aus Steinbockshorn: Dieses kleine zylindrische Gefäss wurde von einem St.Galler Fürstabt (Joseph von Rudolphi?) einem Tiroler Wildschützen namens Wolfgang Mamuet um den Preis von 2 Dublonen abgekauft. Ein Attest des Überbringers, aufbewahrt im Innern des Bechers und übertragen auch in ein Verzeichnis in Handschrift Nr. 1278, bescheinigt dessen Echtheit: «Dieser Becher von Steinbockshorn gemacht, so sehr köstlich und rar seynd und … an kaiserlichen und königlichen Höfen sehr hoch aestimiert [geschätzt] und erkauft worden … Es ist sehr gesund, daraus zu trinckhen, und leidet gar nichts Schädliches oder Giftiges». Auf der Wandung des Bechers erkennt man ein Rudel von Steinböcken auf einer Felsgruppe sowie einen Jäger, der eben auf eines der Tiere angelegt hat. Daneben finden sich Bäume und eine Häusergruppe. Über der Szene ist ein unbekanntes Wappen angebracht.

- Bildnis der französischen Königin Marie Antoinette auf einer Marmortafel: Die Marmortafel, entstanden zwischen 1770 und 1774, vermutlich zur Hochzeit mit dem französischen Thronfolger und späteren König Ludwig XVI., zeigt das Brustbild der späteren Königin von Frankreich. Maria Antonia, 1755 als eines von 16 Kindern der Kaiserin Maria Theresia von Österreich und deren Gemahl Franz I. geboren, wurde während der Französischen Revolution am 14. Oktober 1793 wegen angeblicher Konspiration mit dem Ausland zum Tode verurteilt und zwei Tage später mit der Guillotine hingerichtet. M[aria] ANTONIA ARC [hiducissa] AUST[riae] LUD[ovico] FRAN[ciae] DELPHIN[o] SPONSA (Marie-Antoinette, Erzherzogin von Österreich, Gemahlin des Ludwig, Thronfolgers von Frankreich), lautet die Inschrift oberhalb des Brustbildes.

Ein weiteres Kuriosum, heute jedoch in der Domsakristei der Kathedrale St.Gallen aufbewahrt, wurde 1737 in die Klosterbibliothek eingegliedert, das Pergament-Birett von Fürstabt Joseph von Rudolphi. Schon Fürstabt Gallus Alt waren zum Namenstag 1684 und 1685 Paramente aus Pergament, eine Mitra, eine Stola, ein Manipel und ein Messgewand als Huldigungsgeschenke überreicht worden. Diese Tradition nahmen die Fratres unter Joseph von Rudolphi wieder auf und beschenkten ihren Vorgesetzten mit weiteren Paramenten. So schenkten sie ihm einen Abtsstab, 1731 ein Antependium und 1737 das erwähnte Birett.

- Das Pergament-Birett für Abt Joseph von 1737: Karton wurde mit Pergament überzogen, in die viereckige Form eines Biretts gebracht und im Innern mit rotem Samt ausgekleidet. Das Pergament wurde oben und auf den vier Seiten mit Sinnsprüchen beschrieben und mit kolorierten Zeichnungen illustriert. Wie die Zeichnungen erinnern auch Spruch- und Versbänder in Mikrographie über, unter und zwischen den Illustrationen an bedeutende Leistungen von Abt Joseph. Die Miniaturen zeichnete der Konversbruder Gabriel Loser (1701–1785), der später für die Holzarbeiten in der neuerrichteten Bibliothek verantwortlich sein sollte. Bemalt wurden sie von Pater Gabriel Hecht (1664–1745), die Sinnsprüche dichtete Frater Pius Kolb (1712–1762), und die Texte kalligraphierte Frater Dominicus Feustlin (1713–1782).

Eine Stirnseite zeigt den Abt mit seinen Mönchen in einem Schiff auf dem Bodensee, wie sie nach dem Exil in Neu-Ravensburg in ihr Heimatkloster zurückkehren. Die Szene ist flankiert von frühen Darstellungen des Archivs und der Bibliothek, die dank des Einsatzes von Abt Joseph ebenfalls wieder zu einem schönen Teil von Bern und Zürich nach St.Gallen zurückkamen. Auf dem zweiten Bild ist eine Orgel, vom persönlichen Wappen des Abtes, einem Bock, überhöht, zu sehen; daneben finden sich die neun Musen, vielleicht ein Hinweis auf die Förderung der Künste durch den Abt. Die Zeichnung der dritten Szene weist den Abt als Friedensfürst aus; sie bringt mit der Darstellung der Arche Noah und einer Friedenstaube einen allegorischen Hinweis auf den Frieden von Baden im Jahre 1718. Ebenfalls erkennt man das persönliche Wappentier des Abtes, den Bock, den Bären, das Wappentier der Abtei sowie kriegerische Instrumente, die ein Raub von Flammen werden. Auf der vierten Stirnseite kniet Abt Joseph im äbtlichen Ornat vor einem Altar.

Mit dem zunehmenden Interesse von breiten Bevölkerungsschichten an naturwissenschaftlicher Forschung und den vielfältigen Erscheinungen der Erde erlangte auch ein Berg in Italien grosses Interesse, der feuerspeiende Vesuv bei Neapel. Mit Eifer machte man sich daran, die Gesetzmässigkeiten der Natur zu beobachten. Die Vesuv-Begeisterung und -Forschung setzte im 17. und vor allem im 18. Jahrhundert ein; es entstand eine reichhaltige Vesuv-Literatur. Man beobachtete die im 18. Jahrhundert häufigen Ausbrüche des Vulkans akribisch und bemühte sich um Erklärungen für die einzelnen Naturphänomene. In einem Bücherschrank der Stiftsbibliothek angebracht finden sich zwei auf Holzrahmen aufgezogene Pergamenttafeln, die Ansichten des Vesuvs aus den Jahren 1738 und 1740 wiedergeben:

- Der Vesuv von Neapel gesehen, gezeichnet 1738 von Ingenieur Johann Christoph Scherscholt: Gemeinsam mit drei Schweizern, darunter dem aus dem fürstäbtischen Gebiet stammenden Johann Anton Sartori, hatte Scherscholt am 17. Oktober 1738 den Vesuv bestiegen. Die vier Männer hatten sich – als zweite «Expedition» nach dem grossen Ausbruch vom Mai 1737 – auch in die «unterste Tieffe» des Kraters vorgewagt und «selbe per Geometriam außgemessen und abgezeichnet». Auf der ausgestellten Ansicht sind die Routen der vom Berg herabfliessenden glühenden Lavamassen deutlich zu erkennen («feürig lauffendte Flüß»), ferner eine Stelle am Abhang des Vesuvs, wo sich die Lavamassen wunderbarerweise («miraculoserweiß») stauten und nicht das darunterliegende Dorf verwüsteten, weil die Bevölkerung der Lava mit dem Haupt des napolitanischen Stadtheiligen Januarius entgegengezogen war. Die zweite, nicht ausgestellte Tafel zeigt das Innere des Kraters und die Messergebnisse der Schweizer «Vesuv-Expedition».

Im Raritätenkabinett der Stiftsbibliothek begegnet man verschiedenen aussergewöhnlichen kleineren Gegenständen, deren Herkunft bisher nicht geklärt werden konnte. Im Vorfeld der Arbeiten für diesen Katalog konnte dank der Entdeckung eines in die Handschrift Nr. 1278 eingehefteten Verzeichnisses und weiterer schriftlicher Quellen eine kleinere *Ostindische Sammlung* rekonstruiert und zusammengestellt werden, die der Bibliothek in den Jahren 1720 respektive 1723 zugefallen war:

Der aus Rufach im Elsass stammende Georg Franz Müller (1646–1723) hatte zwischen 1669 und 1683 mit der Niederländisch-Ostindischen Kompagnie eine Reise nach Indonesien via Kap der Guten Hoffnung unternommen. Von seinem längeren Aufenthalt auf Java und auf weiteren Inseln des indonesischen Archipels hatte er verschiedene Kuriositäten mit nach Hause gebracht. Ebenfalls verfasste er eine Beschreibung seiner Reise, die er vermutlich nach seiner Rückkehr nach Europa von einem Künstler bebildern liess. Die illustrierte Reisebeschreibung von Georg Franz Müller ist in Vitrine 5 ausgestellt. Später war er als Privatdiener in die Dienste des aus Ensisheim im Elsass stammenden St.Galler Mönchs Kolumban von Andlau (1627–1707) getreten, der zweimal, 1662 und 1686, zum Abt des Klosters Murbach im Elsass gewählt worden war, dieses Amt jedoch wegen des Widerstandes des Strassburger Bischofs nicht antreten durfte. Zusammen mit seinem Leibdiener verlebte er, von seinen Mitmönchen in St.Gallen praktisch als zweiter Abt behandelt und umsorgt, seine letzten Lebensjahre in St.Gallen und Rorschach. Im Oktober 1698 schloss der unverheiratete Müller, der wegen seines Aufenthaltes im Fernen Osten im Konvent auch «der Indianer» genannt wurde, mit dem Kloster St.Gallen einen Vertrag, in dem er gegen die Abtretung seines Besitzes ans Kloster St.Gallen nach seinem Tod von diesem lebenslängliches Wohn- und Unterhaltsrecht erlangte. So lebte Müller nach dem Tod seines Herrn im Jahre 1707 weiterhin im Kloster Mariaberg in Rorschach, der Dépendance des Klosters St.Gallen. Dort pflegte er Besuchern auch seine Sammlung und seine Reisebeschreibung zu zeigen. 1714 sah diese der Zürcher Gelehrte und Antiquitätensammler Hans Wilpert Zoller: «...im Schloss Rorschach, alwo sich aufhaltet Georg Frantz Müller, gebürtig von Rufach im Elsass, aetatis 67. Diser Mann war 13 Jahre in Ostindien. Ein erfarener, aber seltsamer Mann, welcher ganz schöne indianische Sachen uns gezeiget von Muscheln, Schneggen, Animalibus und Vegetabilibus. Item ... ein Buch, in Form eines grossen Stammbuchs, in welchem gar sauber mit Wasserfarbe gemahlet, alle Menschen, Thier, Vögel, Fisch,

Frücht etc., welche er selbsten gesehen». 1720 kehrte Georg Franz Müller für seine letzten Lebensjahre nach Rufach zurück, brachte aber vorher einige- seiner «aus India mit sich gebrachten Rariteten anhero». Kurz vor seinem Tode am 26. Juli 1723 überschickte er dem Abt von St.Gallen symbolisch einen Schlüssel zur Nutzniessung seiner Hinterlassenschaft. Alle Besitztümer Müllers, darunter ein Haus in Rufach und etliche hundert Pfund Bargeld, gingen im September 1723 in den Besitz des Klosters über. Abt Joseph von Rudolphi bemerkt dazu in seinem Tagebuch: «Item seine Mobilia auf St.Gallen führen lassen: Sie bestanden in 4 Uhren, etliche meist niederländischen Büchern, einem Örgele und andern kindischen Kleinigkeiten, darunder das furnembste ware ein Vilagran [filigrangearbeitetes] silbernes Kreüzle und ein mit Silber beschlagne TabacPfeiffen». Die meisten dieser Gegenstände liess Abt Joseph in die Bibliothek geben. Das Verzeichnis in Handschrift 1278 nennt und beschreibt kurz einige dieser Objekte, beispielsweise eine chinesische Tabakpfeife, Papagei-Federn, Federn eines Kasuars, ein afrikanisches Blasrohr, ein Büschel Meergras, indianische Frauenkleider aus Baumrinde, Korallen, einen Krokodilzahn, eine Kokosnuss von der Insel Celebes oder ein chinesisches Kopfkissen, das kurze Zeit später gemäss einem Bleistifteintrag bereits von Motten zerfressen war. Ausgestellt sind vier Gegenstände, die heute noch im Raritäten- und Kuriositätenschrank der Bibliothek aufbewahrt werden:

- Ostindisches Körbchen von der Insel Celebes
- Chinesischer Geldbeutel: Die Männer würden diesen «Geld-Seckhel ohne Underlass an dem Gürtel hängen tragen».
- Indianisches Geschirrlein aus rotem Porzellan: Die «heidnischen» Figuren auf der Aussenseite dieses sechseckigen Geschirrleins habe Georg Franz Müller auch in zwei Tempeln vor der Stadt Batavia (Djakarta) gesehen.
- Chinesische Schuhe: Die vornehmsten Einwohner Batavias «auf der grossen Insul, von den Heyden Java genannt» würden solche Schuhe tragen.

Literaturhinweise

Zur Geschichte der Bibliothek und der verschiedenen Sammlungen: FRANZ WEIDMANN, Geschichte der Bibliothek von St.Gallen seit ihrer Gründung um das Jahr 830 bis auf 1841, St.Gallen 1841.

Zu einzelnen Gemälden der Kunstsammlung: ERWIN POESCHEL, Die Kunstdenkmäler des Kantons St.Gallen (wie Vitrine 1), S. 310–312 und 357–367. – BERNHARD ANDERES, Stiftsbezirk (wie Vitrine 1), S. 91 f.

Zum Ecce-Homo-Bild: ANTON NAEGELE, Das Passionsbild in der Bibliothek des Klosters St.Gallen, ein Werk des Schreibkünstlers Püchler von Schwäbisch-Gmünd, in: Anzeiger für Schweizerische Altertumskunde, Neue Folge, Bd. 29, Zürich 1927, S. 53–56.

Zum Pergament-Birett: WERNER VOGLER und HANS MARTIN GUBLER, Der St.Galler Stiftsbezirk in den Plänen von P. Gabriel Hecht 1720–1726, Kommentarband, Rorschach 1986, S. 26–29. – WERNER VOGLER, Das barocke Stiftsarchiv von St.Gallen, in: Montfort 39 (1987), S. 260–264.

Zur ostindischen Sammlung: WERNER VOGLER, Unbekannte Darstellungen aus dem Rorschach des frühen 18. Jahrhunderts, in: Rorschacher Neujahrsblatt 40 (1985), S. 35–39 (bes. S. 36).

Gegenstände aus der «Ostindischen Sammlung» der Bibliothek
von links: chinesische Schuhe – Körbchen von der Insel Celebes –
indianisches Geschirrlein – chinesischer Geldbeutel
aus dem Besitz von Georg Franz Müller 1720/23 in die Klosterbibliothek
(Kuriositätensammlung – 4. Vitrine)

5. VITRINE

Barocke Handschriften-Erwerbungen der Klosterbibliothek

Die Klosterbibliothek von St.Gallen sammelte während des ausgehenden 17. und im 18. Jahrhundert nicht nur Drucke und Kuriositäten (vgl.Vitrine 6 und 4); auch am Ausbau der eigenen berühmten Handschriftensammlung war man in starkem Masse interessiert. Dabei gelang es den für die Bibliothek verantwortlichen Personen (vor allem Abt und Bibliothekar), neben zahlreichen Einzelmanuskripten auch zwei grössere Handschriftenbestände zu erwerben.

«In allem haben sie bey 1030 Bände», vermerkte der Salzburger Benediktinermönch Constantin Stampfer bei seinem Besuch 1784 in der Handschriftenkammer der Klosterbibliothek von St.Gallen. 1096 Handschriften würden sich in der Manuskriptensammlung der Bibliothek befinden, schrieb der Elsässer Gilbert Romme 1787 in seiner ausführlichen Schilderung eines Aufenthalts im Kloster St.Gallen. Und auch Bibliothekar Johann Nepomuk Hauntinger kam in seinem 1792 abgeschlossenen Akzessionskatalog über die Signaturnummer 1033 nicht hinaus. Allerdings würden 63 explizit aufgelistete Handschriften noch keine Signatur besitzen. 1782 dürften, wenn wir eine Aussage des St.Galler Bibliothekars Johann Nepomuk Hauntinger richtig interpretieren («In näml. Jahre kam die Sammlung dieser verehrungswürdigen Alterthümer in eine neue Ordnung»), die St.Galler Handschriften mit den neuen, noch heute gültigen numerischen Signaturen versehen worden sein. Die bedeutenden Neuerwerbungen von 1768 (Sammlung Aegidius Tschudi) und 1782 (Handschriften aus Frauenklöstern der stiftsanktgallischen Landschaft) sind dabei, thematisch einzelnen Sachgebieten zugeordnet, vollständig in die älteren Bestände eingegliedert worden. Nicht zu diesen gut 1030, im Jahre 1782 katalogisierten Handschriften zählen die meisten aus dem eigenen Kloster in der Barockzeit hervorgegangenen handgeschriebenen Bücher, etwa Liturgica, Werke von sanktgallischen Dichtermönchen wie Athanasius Gugger oder Anton Widenmann, Vorlesungsmanuskripte von klostereigenen Professoren, Vorlesungsnachschriften, die St.Galler Mönche während ihrer Studienzeit getätigt hatten, erbaulich-aszetische oder homiletische Literatur, Bibliotheks- und Bestandeskataloge, Festschriften und anderes. Diese Bücher wurden erst nach der

Klosteraufhebung in die Hauptbestände der Handschriftenabteilung aufgenommen und verzeichnet.

Die räumliche Enge einer Vitrine erlaubt lediglich einen oberflächlichen Querschnitt über die wohl gegen 300 barocken Handschriften-Erwerbungen der Klosterbibliothek. Dabei sollen neben zwei etwas «exotischen» Einzelerwerbungen insbesondere die beiden grösseren Handschriftenbestände vorgestellt und charakterisiert werden. Die Reihenfolge, in der die Handschriften genannt werden, richtet sich nach dem Datum des Erwerbs.

Immer wieder konnte die Klosterbibliothek neu erworbene Handschriften in ihre Bestände eingliedern. So erhielt Fürstabt Cölestin Sfondrati (1687–1696) von Rudolph Christoph Wirz von Rudenz (1642–1701) einen Koran in arabischer Schrift, den dieser 1686 bei Buda von den Türken erbeutet hatte (Handschrift Nr. 1313). Unter Abt Joseph von Rudolphi kamen unter anderem zwei spätmittelalterliche Handschriften hinzu. Pater Placidus Liber (1701–1765), einstmals Verwalter-Stellvertreter von Neu-Ravensburg, schenkte der Bibliothek eine im Jahre 1471 geschriebene Kopie von Conrad von Würzburgs umfangreichem Epos «Trojanerkrieg», die er auf der Burg Haldenberg, einem sanktgallischen Lehen zwischen Wangen und Isny, gefunden hatte und die heute eine der wichtigsten Abschriften dieses Textes darstellt (Handschrift Nr. 617). Ebenfalls Abt Joseph überreicht wurde Conrad von Megenberg's weitverbreitetes Werk *Das Buch der Natur*, eine Abschrift aus dem frühen 16. Jahrhundert (Handschrift Nr. 1111).

Wie bereits (vgl. Vitrine 4, S. 49 f.) ausgeführt, konnte die Klosterbibliothek von St.Gallen in den Jahren 1720 und 1723 die kleine *Ostindische Sammlung* des Georg Franz Müller von Rufach erwerben. Mit dieser Sammlung gelangte auch ein mit 213 Figuren und Messingschliessen geschmücktes kleines Buch in die Bibliothek, das in seiner äusseren Gestalt einem Stammbuch gleicht und die Beschreibung der Reise Müllers via Kap der Guten Hoffnung nach Indonesien zwischen 1669 und 1683 zum Inhalt hat. «Dies Figurenbuech mit dem Einband kostet mich bey 30 Reichsdaller», vermerkte der frühe «Fern-Tourist» in seiner charakteristischen, schwer lesbaren Schrift in seinem Reisebuch. Während er die Schilderung der Reise eigenhändig ins Buch eingetragen hat, dürften die Illustrationen von einem geübten Buchmaler stammen:

– *Eigentliche Abbildung der fürnembsten und merckwürdigsten Sachen, welche in den Africanischen Capo Bonae Sperance und in den orientalischen Indien gefunden worden, bestehendt in allerhand Nationen, wunderbahren Thieren und frembden Erdgewächsen, aufgemerckt und zusammengetragen durch Georgium Franciscum Müller von Ruffach auß dem Elsas:* So lautet der Titel des 89 farbige Bildseiten umfassenden Reisetagebuches. Darin gelangen vornehmlich Menschen aus Südafrika und den verschiedenen Gegenden des indonesischen Archipels wie auch die reiche und exotische Fauna und Flora dieser beiden Gegenden zur Darstellung. Hottentotten aus dem südlichen Afrika und Einwohner von Papua-Neuguinea, ein Krokodil und ein Kranich, der Paradiesvogel wie der Kakadu, die Ananas ebenso wie die Kokosnuss, die Meerspinne und der Haifisch, alle sind sie sehr wirklichkeitsgetreu gezeichnet und hübsch koloriert. Müller liess sich in seiner «Urschrift» zweimal persönlich porträtieren, einmal in Reisekleidung, ein andermal als nobler Herr aus dem Jahre 1684. Eine bereits 1705 im Kloster St.Gallen entstandene Abschrift von Müllers Beschreibung seiner Reise im Dienste der Ostindisch-Holländischen Kompagnie findet sich im übrigen in Handschrift Nr. 1278 der Stiftsbibliothek (Handschrift Nr. 1311).

Ebenfalls in den Fernen Osten führt uns eine zweite Neuerwerbung der St.Galler Klosterbibliothek aus der ersten Hälfte des 18. Jahrhunderts. Während der Besetzung des Klosters St.Gallen durch die evangelischen Schweizer Kantone Zürich und Bern weilten der Abt und ein Teil des Mönchskonvents 1712 bis 1718 in Neu-Ravensburg im Exil. Andere Mönche hielten sich, wie Pater Mauritius Müller (1677–1745), gemäss Franz Weidmann «einer der gelehrtesten und tätigsten Männer des Stiftes», in befreundeten Benediktinerklöstern auf. Von seinem Aufenthalt südlich der Alpen – er wirkte vorerst in Rheinau und dann einige Zeit in der dem Kloster Einsiedeln gehörenden Residenz Bellinzona und dürfte von dort aus wahrscheinlich auch eine Rom-Reise unternommen haben – brachte Pater Mauritius «mehrere gute Bücher, wie auch eine sehr lange Streife von chinesischem feinsten Papier mit Buchstaben oder Schriftzügen der Bewohner von China» (Weidmann) mit. Nachdem der Friedensvertrag von Baden von 1718 die Rückkehr des Abtes und des Mönchskonventes ins Kloster ermöglicht hatte, wurde der ebenfalls nach St.Gallen zurückgekehrte Müller gleich mit dem anspruchsvollen Wiederaufbau der Bibliothek betraut. Das Buch aus China muss er indessen noch einige Jahre in seinem Besitz behalten und erst am 10. Mai 1738 der Bibliothek übergeben haben. Das Verzeichnis der Wohltäter der Bibliothek von St.Gallen in Handschrift Nr. 1280 meldet: «In die Bibliothek wurde ein von Pater Mauritius erworbenes gedrucktes Buch mit chinesischen Schriftzeichen gebracht, das 56 Fuss lang [16.80 m] ist». Wohl wegen seiner Exklusivität kam das in ein Holzkästchen des 18. Jahrhunderts gelegte leporelloartige Werk, dem auch einige Illustrationen beige-

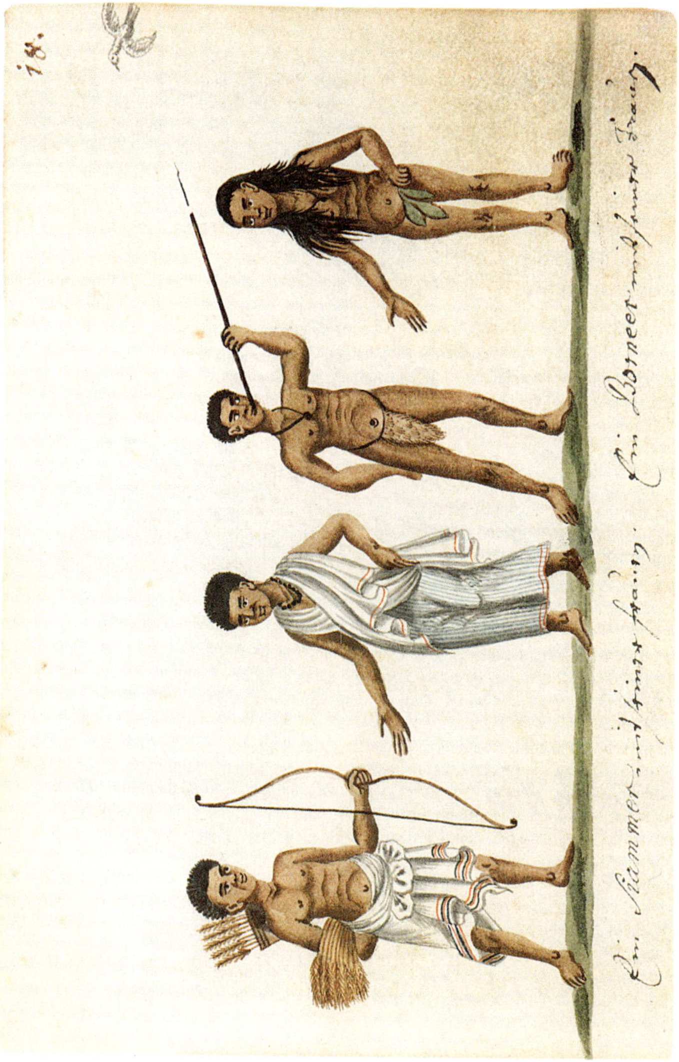

Illustrierte Beschreibung der Reise des Georg Franz Müller (1669–1683) via Kap der Guten Hoffnung nach Indonesien: Ureinwohner von Thailand (Siam) und Borneo (Handschrift Nr. 1311, Blatt 18 – 5. Vitrine)

geben sind, in die Handschriftenabteilung und nicht in die Sammlung der gedruckten Bücher:

– Chinesisches Buch in Holzkästchen: Inhaltlich handelt es sich bei diesem Werk um Buch 7 einer 36bändigen Ausgabe des *Tao-teh-king* des chinesischen Philosophen Lao-tse (um 600 v. Chr.). Gästen der Nationalbibliothek Peking, die der Stiftsbibliothek im Jahre 1987 einen Besuch abstatteten, gelang es, den Inhalt als Teil dieser bekannten Sammlung von Lebensweisheiten und Aphorismen zu identifizieren. *Tao-teh-king* ist das Buch vom Urgrund der Welt und seinem Wirken in der Welt (Tao = Weg, Urgrund, teh = Tugend, king = Buch). Bereits Pater Mauritius Müller wusste einigermassen um den Inhalt Bescheid: Er hatte sich von einem franziskanischen Chinamissionar (Frater Carolus Horatius von Castorano, Ord. Min.) den Inhalt erklären lassen und dessen Bemerkungen auf einem Blatt zusammengefasst. Dieses Buch sei das siebte Buch der Schriften oder der Reden des in Indien, Tartarien, China und Japan bekannten Götzen «Jo», sei voller Falschheiten und abergläubischer Gedanken («falsitatibus et superstitionibus») und sei nur bei den Götzendienern («Idololatros»), nicht aber bei den Christen im Gebrauch (Handschrift Nr. 1144).

Den bedeutendsten und aufsehenerregendsten Zuwachs an Handschriften erhielt die Klosterbibliothek 1768. Abt Beda Angehrn gelang es, gegen starke Konkurrenz (vor allem den Stand Zürich) 120 Handschriften und Handschriftenfaszikel aus dem Nachlass des Glarner Humanisten Aegidius Tschudi (1505–1572) zum Preis von 2640 Gulden anzukaufen. Dies waren einerseits ältere Bücher, die Tschudi gesammelt hatte, anderseits aber auch eine große Zahl von Forschungsarbeiten Tschudis in verschiedensten Wissensgebieten, vor allem in Geschichte und Geographie. Zum Erwerb dieser Handschriften bewogen den St.Galler Abt auch apologetische Gründe: Verschiedene von Tschudis Schriften könnten – in den Händen der evangelischen Zürcher – zum Schaden der katholischen Religion und der Klöster missbraucht werden. Das Kloster St.Gallen hatte wohl deshalb den Zuschlag erhalten, weil ein 1762 verstorbener Bruder des Verkäufers Joseph Leodegar Tschudi dem St.Galler Mönchskonvent angehört hatte. Drei der in der Fachwelt bekanntesten Bücher aus dem Nachlass Aegidius Tschudi's stehen stellvertretend für diesen bedeutendsten Neuzuwachs der St.Galler Klosterbibliothek in der Barockzeit:

– Das Handbuch des Reichenauer Gelehrten und Abtes Walahfrid Strabo: Von einer einzigen Hand zwischen etwa 820 und 849 geschrieben, enthält der Pergamentband eine Vielzahl von lateinischen Texten grammatischen, metrischen, komputistischen, chronographischen, historischen und pflanzenkundlich-medizinischen Inhalts. Aufgrund zahlreicher Bezugspunkte gelang es dem Paläographen Bernhard Bischoff im Jahre 1950, den explizit nicht genannten Walahfrid Strabo (808/809–849) als Schreiber und Inhaber dieses Bandes zu identifizieren. Bereits in seinen Schülerjahren auf der Reichenau und bei Hrabanus Maurus in Fulda dürfte der vielseitig gelehrte Dichter und Geschichtsschreiber erste Texte notiert haben, und im Verlaufe seines Leben schrieb er all jene Texte in sein persönliches Handbuch ein, die ihm nützlich, wissens- und erhaltenswert erschienen. Wie diese einmalige bildungsgeschichtliche Quelle des 9. Jahrhunderts in den Besitz der Dombibliothek von Chur (1457 dort in einem Verzeichnis erwähnt) und später in die Hände von Aegidius Tschudi gelangte, ist nicht bekannt. In der Stiftsbibliothek von St.Gallen befindet sich die schmucklose Handschrift jedenfalls heute an einem Ort, der mannigfache Beziehungen zu Walahfrid Strabo unterhielt (Handschrift Nr. 878).

– Die *Nibelungenhandschrift B:* Begehrtestes und bekanntestes Objekt der Tschudi'schen Handschriftensammlung war unzweifelhaft die Nibelungenhandschrift. Im Rahmen der seit der Mitte des 18. Jahrhunderts einsetzenden Nibelungenforschung war es vor allem dem Zürcher Gelehrten Johann Jacob Bodmer (1698–1783) sehr daran gelegen, gerade diesen im zweiten Viertel des 13. Jahrhunderts geschriebenen Pergamentcodex in die Stadtbibliothek Zürich zu holen. Die kostbare Handschrift enthält nicht nur die Fassung B des *Nibelungenliedes* und die (sich anschliessende) *Klage*, sondern auch in bester Überlieferung drei weitere große mittelhochdeutsche Epen, nämlich *Parzival* und *Willehalm* von Wolfram von Eschenbach sowie die Kreuzzugsdichtung *Karl der Große* des Stricker. Geschrieben worden sein dürfte die mit 78 ornamentierten Deckfarbeninitialen geschmückte Handschrift in einem weltlichen Skriptorium vielleicht im Südtirol. Wie Tschudi in deren Besitz gelangte, lässt sich auch nach intensiven Nachforschungen nicht mehr eruieren. Der Glarner Polyhistor scheint aber, wie viele Unterstreichungen und Randglossen beweisen, sämtliche Texte gelesen und insbesondere das *Nibelungenlied* und die *Klage* genauestens studiert zu haben. Wie die Abbildung der ersten Seite der Nibelungensage zeigt, hat diese unter dem steten Einfall des Lichtes sehr stark gelitten: Jahrzehntelang dürfte ab 1870 und bis weit ins 20. Jahrhundert diese erste Seite mit den berühmten Versen «...in Burgonden ein vil edel magedin» ausgestellt gewesen sein. Viele Besucher aus Deutschland hatten diese während ihrer Schulzeit auswendig gelernt... (Handschrift Nr. 857).

– Liederbuch des Johannes Heer: Wie die Nibelungenhandschrift in der Geschichte der deutschen Literatur höchstes Ansehen geniesst, so gehört das mehrheitlich vom Glarner Kaplan Johannes Heer (um 1489 – um 1553) geschriebene Liederbuch zu den bedeutendsten Quellen des musikalischen Lebens in der Schweiz während der Zeit der Renaissance. Heer studierte um 1510 in Paris, wirkte später als Kaplan in Glarus und trat 1529 zur Reformation über. Während seiner Pariser Zeit und vereinzelt in den Jahren danach notierten er und seine Studienfreunde in diesem Buch insgesamt 88 Lieder zeitgenössischer Komponisten, von denen 40 Unika darstellen, die nur in diesem Band zu finden sind. Die Sätze sind in Mensuralnotation im Fünfliniensystem eingetragen; die Texte sind in lateinischer, französischer, deutscher oder italienischer Sprache abgefasst. Scherzlieder, Studentenlieder, Trinklieder, erotische Lieder, Handwerkerlieder sind ebenso vertreten wie Quodlibets, Motetten, Chansons und geistliche Lieder. Wie in vielen anderen handschriftlich erhaltenen Liederbüchern jener Zeit stehen die Liebeslieder im Vordergrund (Handschrift Nr. 462):

Es gieng guot tröscher [Drescher] *über land.*
Er kam, da er ze tröschen fand.
Do fidelet er ir, do giget si im gar süesse.

«Zart jungfrow, ir sind wolgemuot,
uff üwerem tenn wär treschen guot».
Do fidelet er ir, do giget si im gar süesse.

Er leit si nider uff das tenn.
Er tet ir wie der han der henn.
Do fidelet er ir, do giget si im gar süesse.

Zwischen 1780 und 1792 gelang es Bibliothekar Johann Nepomuk Hauntinger, für die Klosterbibliothek nicht weniger als 146 Handschriften und 335 Frühdrucke aus der Zeit bis 1520 zu erwerben. Der grösste Teil davon kam 1782 hinzu, als er mit Erlaubnis von Abt Beda die Bibliothek des Priorats in Neu St. Johann, jene der beiden Statthaltereien in Rorschach und Wil wie auch die Büchersammlungen der Frauenklöster im fürstäbtischen Gebiet durchforschte. Im Benediktinerinnenkloster St. Georgen oberhalb St. Gallen, im Dominikanerinnenkloster Wil oder etwa im Kapuzinerinnenkloster Altstätten suchte der Klosterbibliothekar nach Handschriften und Frühdrucken, die er in die Bibliothek von St. Gallen wegführte. «Etwa 200 alte Incunabula und sehr viele meist brauchbare, mitunter auch vortreffliche Ma-

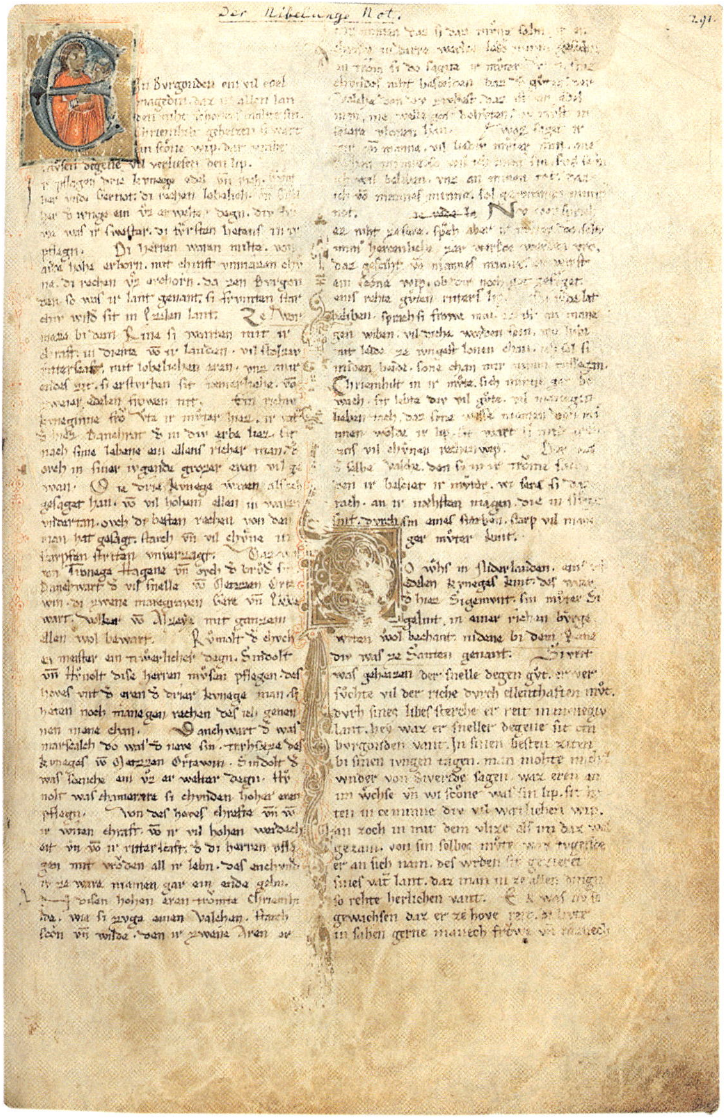

Beginn der Nibelungensage: «Ein Burgunden ein vil edel magedin»
in der Nibelungen-Handschrift B, geschrieben um 1225/1250
Die Seite hat stark unter stetem Lichteinfall gelitten.
(Handschrift Nr. 857, S. 291 – 5. Vitrine)

nuscripta wurden auf diese Art erhalten», schrieb Johann Nepomuk Hauntinger in seinem Verzeichnis der Neuzugänge der Bibliothek. Als Ersatz für diese älteren Bände, Handschriften und Frühdrucke, liess Hauntinger den Frauenklöstern aus St.Gallen zeitgenössische geistliche Literatur meist homiletischen oder aszetisch-erbaulichen Inhalts übersenden, während man «auf St.Johann und anderen Exposituren gute zweckmässige Bücher von den doppelt» und mehrfach vorhandenen Büchern schickte. Bei den aus den Frauenklöstern nach St.Gallen gelangten Büchern handelt es sich in erster Linie um deutschsprachige Papierhandschriften des 14. bis 16. Jahrhunderts erbaulichen Inhalts. Diese heute in Germanistik und Mystik hochgeschätzten Handschriften könnten, so argumentierte Johann Nepomuk Hauntinger, von den Nonnen kaum mehr gelesen werden und seien in St.Gallen besser untergebracht.

Stellvertretend für diese Neuerwerbungen aus sanktgallischen Frauenklöstern sollen an dieser Stelle zwei deutschsprachige Handschriften des 15. Jahrhunderts vorgestellt werden, ein Stundenbuch sowie eine aszetisch-mystische Sammelhandschrift, die unter vielen anderen Texten als Unikat auch das sogenannte *St.Galler Weihnachtsspiel* überliefert:

– Stundenbuch der Dorothe von Hof: Für ihre private Andacht schrieb sie, nach eigenen Angaben im Jahre 1458 geboren, 1474 mit einem Jerg vermählt und 1477 nach dem Tode ihre Mannes einer Drittordensgemeinschaft beigetreten, im Jahre 1483 ein kleinformatiges deutschsprachiges Stundenbuch, das sie später dem Dominikanerinnenkloster St.Gallen vermachte. Es enthält drei längere Offiziumstexte, das kleine Marienoffizium, einen vermutlich eigenständig kompilierten *Curs von unssers heren liden*, im weiteren Totenvigil und Totenvesper. Den Abschluss bilden Privatgebete, unter anderem Heinrich Seuses *Hundert Betrachtungen* zum Passionsgeschehen. Insgesamt 28 grössere Initialen schmücken die Texte: 12 davon sind besonders kunstvoll gefertigt. In den Buchstabenkörper der jeweils gemalten Initiale sind nämlich winzige kolorierte Kupferstiche eingeklebt, die aus einer 18teiligen Kupferstichfolge des oberdeutschen Meisters E. S. herausgeschnitten wurden und das Passionsgeschehen vom letzten Abendmahl bis zur Auferstehung darstellen. Das Stundenbuch dürfte via die Bibliothek des Dominikanerinnenklosters St.Katharinen in Wil (vorher in St.Gallen) 1782 in die Klosterbibliothek St.Gallen gekommen sein (Handschrift Nr. 479).

– Das älteste deutschsprachige Weihnachtsspiel in einer mystisch-aszetischen Sammelhandschrift: Inmitten von Predigten, Legenden und einer

Der gekreuzigte Christus
Kolorierte Kupferstich-Miniatur im Stundenbuch der Dorothea von Hof
fertiggestellt am 5. Juni 1483
(Handschrift Nr. 479, fol. 143[v] – 5. Vitrine)

Sammlung von geistlichen Lebensweisheiten und Traktaten findet sich das nach der heutigen Bibliotheksheimat so genannte *St.Galler Weihnachtsspiel*. Es ist nicht in St.Gallen entstanden, aber wohl hier um 1450 in einer oberrheinischen Bastarda-Schrift als erbaulicher Lesetext für geistliche Frauen im Benediktinerinnenkloster St.Georgen bei St.Gallen aufgezeichnet worden. Verfasst und wohl auch erstmals uraufgeführt wurde dieses schlichte, heute noch faszinierende Spiel – es wurde in den letzten 20 Jahren mehrmals in St.Gallen und Umgebung aufgeführt – im letzten Drittel des 13. Jahrhunderts vielleicht in der Gegend von Muri (Kanton Aargau). Für das recht umfangreiche Stück von 1081 Versen in mittelhochdeutscher Sprache sind mindestens 35 Rollen vorgesehen. In 16 Bildern wird nicht nur das alles szenisch dargestellt, was wir aus dem Beginn des Lukas-Evangeliums kennen, das Spiel nimmt auch verschiedene apokryphe Elemente auf. Zu Beginn des Spiels treten Propheten auf, die den kommenden Erlöser ankündigen; es endet mit der Flucht der heiligen Familie aus Ägypten. Das St.Galler Weihnachtsspiel ist das einzige Weihnachtsspiel mit Beziehungen zur höfisch-ritterlichen Kultur: Die Verse sind ganz im Gegensatz zu späteren derb-volkstümlichen Christgeburts- und Dreikönigsspielen aus Österreich und Deutschland der höfischen Epik verpflichtet (Handschrift Nr. 966, S. 129–169).

Literaturhinweise

Zum Erwerb der Tschudi-Handschriften allgemein: JOHANNES DUFT, Die Tschudi-Handschriften in der Stiftsbibliothek St.Gallen, in: DERS., Die Abtei St.Gallen, Bd. 1: Beiträge zur Erforschung ihrer Manuskripte, hrsg. von PETER OCHSENBEIN und ERNST ZIEGLER, Sigmaringen 1990, S. 165–175. – PETER OCHSENBEIN und KARL SCHMUKI, Bibliophiles Sammeln und Historisches Forschen. Der Schweizer Polyhistor Aegidius Tschudi (1505–1572) und sein Nachlass in der Stiftsbibliothek St.Gallen, St.Gallen 1991, bes. S. 5–7 und 15–23.

Zum Erwerb der Handschriften aus Frauenklöstern: JOHANNES DUFT, Die Handschriften-Katalogisierung (wie Vitrine 2), S. 67*–70*. – JOHANNES DUFT, Johann Nepomuk Hauntinger, der Mehrer und Retter der Bibliothek, in: DERS., Abtei III (wie Einleitung), S. 174–182, bes. S. 177–179.

Zur Reisebeschreibung des Georg Franz Müller: FRANZ WEIDMANN, Geschichte der Bibliothek von St.Gallen seit ihrer Gründung um das Jahr 830 bis auf 1841, St.Gallen 1841, S. 77–78.

Zum Handbuch des Walahfrid Strabo: BERNHARD BISCHOFF, Eine Sammelhandschrift Walahfrid Strabos (Cod. Sangall. 878), in: DERS., Mittelalterliche Studien. Ausgewählte Aufsätze zur Schriftkunde und Literaturgeschichte, Bd. 2, Stuttgart 1967, S. 34–51. – WESLEY M. STEVENS, Computus-Handschriften Walahfrid Strabos, in: Science in Western and Eastern Civilization in Carolingian Times, hrsg. von P. L. BUTZER und D. LOHRMANN, Basel 1993, S. 363–381.

Zur Nibelungenhandschrift: JOHANNES DUFT, Die Nibelungen-Handschrift in der Stiftsbibliothek St.Gallen, in: DERS., Abtei I (wie oben), S. 147–164. – NIGEL F. PALMER, Der Codex Sangallensis 857: Zu den Fragen des Buchschmucks und der Datierung, in: Wolfram-Studien 12, Berlin 1992, S. 15–31.

Zum Liederbuch des Johannes Heer: Das Liederbuch des Johannes Heer von Glarus. Ein Musikheft aus der Zeit des Humanismus (Codex 462 der Stiftsbibliothek St.Gallen), hrsg. von ARNOLD GEERING und HANS TRÜMPY (= Schweizerische Musikdenkmäler 5), Basel 1967.

Zum Stundenbuch der Dorothe von Hof: KURT RUH, Dorothea von Hof, in: Verfasserlexikon, Bd. 2, Berlin/New York [2]1980, Sp. 216 f. – PETER OCHSENBEIN, Bild und Gebet. Spätmittelalterliche Passionsfrömmigkeit in St.Galler Gebetbüchern, in: Codices Sangallenses. Festschrift für Johannes Duft, Sigmaringen 1995, S. 137–146 (bes. S. 144 f.).

Zum *St.Galler Weihnachtsspiel:* EMILIA BÄTSCHMANN, Das St.Galler Weihnachtsspiel (= Altdeutsche Übungstexte 21), Bern 1977. – JOHANNES DUFT, Weihnacht (wie Vitrine 2), S. 31–38.

6. VITRINE

Ilias in nuce: Gedruckte Kostbarkeiten der Klosterbibliothek aus der Barockzeit

Ilias in nuce, so ist ein 32 Seiten starkes Konvolut überschrieben, das in die Handschrift Nr. 1280 der Stiftsbibliothek eingelegt ist. Die genannte Sammelhandschrift ist von grossem bibliotheksgeschichtlichem Interesse, enthält sie doch ein von Bibliothekar Pater Hermann Schenk geschriebenes Verzeichnis der Handschriften aus der Zeit vor 1700, also vor der Beraubung der Bibliothek im Jahre 1712, ferner das *Monumentum gratitudinis,* ein Verzeichnis der der Bibliothek geschenkten Schriften, Münzen, Mineralien und anderer Kostbarkeiten, sowie eine vor 1700 niedergeschriebene Zusammenstellung von wichtigeren Büchern der Bibliothek, die nicht Handschriften waren. Zu diesen gesellt sich das von Pater Pius Kolb (1712–1762) geschriebene, aus der Zeit zwischen 1747 und 1762 stammende und mit *Ilias in nuce* betitelte Verzeichnis. Es enthält eine Liste der schönsten und wichtigsten gedruckten Bücher der damaligen Klosterbibliothek, der sogenannten Zimelien: Mehr als zwei Drittel dieser mehrere Hundert Bücher umfassenden Liste können noch heute in den Beständen der Stiftsbibliothek nachgewiesen werden; andere, oftmals wertvolle Bücher sind, vor allem um die Zeit der Aufhebung des Klosters St.Gallen zwischen 1798 und 1805, verschwunden. Mit der Überschrift *Ilias in nuce,* wörtlich übersetzt «Ilias in der Nuss, im Kern», sind diese besonders wertvollen Bücher gemeint. Der Terminus, sinngemäss etwa mit «das Essentielle aus dem Ganzen» zu übersetzen, war den meisten Mönchen im Kloster St.Gallen um die Mitte des 18. Jahrhunderts geläufig: Er findet sich nämlich auch auf den Titelblättern zweier Schriften, die 1733 respektive 1759 in der Klosterdruckerei von St.Gallen gedruckt wurden, einer These des nachmaligen Abtes Cölestin Gugger von Staudach und einer Einführung in den neuen gregorianischen Kalender für Kleriker, verfasst vom Mönch und Subprior Gallus Vetter.

Die Klosterbibliothek von St.Gallen gehöre «seit urdenklichen Zeiten und dem grauen Alterthume her» zu den hervorragendsten Deutschlands, schreibt Bibliothekar Johann Nepomuk Hauntinger in seinem Akzessionskatalog über die Jahre 1780 bis 1792. Damit sie auch ferner diesen Ruhm behaupten könne, müsse sie immer wieder mit neuen Büchern bestückt werden. Aber auch schon damals war es dem verdienstvollen Bibliothekar bewusst, dass man nicht alle

Bücher in sämtlichen Sachgebieten anschaffen könne, deshalb gebe es immer wieder Lücken. «Eine vollkommene Bibliothek ist ein Non ens [eine Nicht-Realität]», schreibt er 1784 im unveröffentlichten Anhang seiner Reise in mehrere süddeutsche Bibliotheken. In einigen Sachgebieten sei die damals rund 16 000 Bücher umfassende Büchersammlung vergleichsweise hervorragend bestückt, Bücher aus anderen Wissensgebieten seien hingegen mangelhaft vertreten. Als die am besten dotierten Wissensgebiete stuft er die Bibelwissenschaft, die Patristik und die Diplomatik ein; ebenso seien etwa Zivilrecht und Numismatik mit sehr guten Büchern vertreten. Ungenügend und unbedingt ausgebaut werden müssten beispielsweise die Sachgebiete Liturgik («Dieses Fach flößt jedem, der es nur ansieht, Erbarmen ein»), Ordensgeschichte («sollte natürlicher Weise ein Hauptfach bey uns sein»), Konzilsgeschichte («gereicht unserer Bibliothek nicht zum besondren Ruhme») oder Kirchengeschichte («keines von jenen Fächern, womit unser Bibliotheke prangen könnte»). Andere Wissensgebiete, etwa die naturwissenschaftlichen Fächer und Medizin, seien nie Hauptfächer der Bibliothek gewesen und würden es auch nie sein; trotzdem sollten gewisse Grundlagenwerke vorhanden sein.

Nach Sachgebieten gegliedert ist auch das mit *Ilias in nuce* betitelte Verzeichnis der wertvolleren Bücher der Klosterbibliothek. Drei der schönsten und repräsentativsten Werke aus diesem Verzeichnis, verschiedene Wissensgebiete betreffend, sind stellvertretend für alle anderen Bücher ausgestellt:

Der aus der Gegend von Fulda stammende und seit 1633 in Rom tätige Jesuit Athanasius Kircher (1602–1680) war einer der letzten grossen Universalwissenschaftler der Geschichte. Er verband den Wunsch des Renaissance-Menschen, alles kennenzulernen, mit den modernen wissenschaftlichen Methoden der Beobachtung, der Hypothese und des Experimentes, pflegte eine riesige Korrespondenz mit den bedeutendsten Gelehrten seiner Zeit und war dabei als Priester und Ordensmann auch ein tiefgläubiger Mensch. Obwohl er Italien nach 1633 nie mehr verliess, verfasste er Bücher über Kunst und Kultur der alten Ägypter, den Magnetismus, die unterirdische Welt, die Pest, über Akustik, Elektrodynamik oder Optik. Er erforschte als erster die koptische Sprache, führte Rharbarber und Vanille in Europa ein, erdachte eine Zeichenschrift für Taubstumme und gilt auch als «Vater der Bakteriologie». Kircher gab mehrere schön illustrierte Bücher im Druck heraus, die sich sehr gut verkauften und teilweise mehrere Auflagen erlebten. Eines der wichtigsten Bücher ist seine

- *China illustrata:* Es ist dies das erste Werk mit bedeutenden Dokumenten über fernöstliche Geographie, Geologie, Kultur, Botanik, Zoologie, Religion und Sprache. Wegen der zahlreichen und qualitativ hervorragenden Illustrationen und des damals starken Interesses für den Fernen Osten wurde dieses Buch, das sich in weiten Teilen auf persönliche Berichte und Briefe von jesuitischen Missionaren in China und den angrenzenden Gebieten abstützt, zu einem grossen Erfolg. Die Erstausgabe in lateinischer Sprache erschien 1667 in Amsterdam; später kamen Übersetzungen ins Holländische (1668), Englische (1669) und Französische (1670) heraus, letztere erweitert um ein erstes französisch-chinesisches Wörterbuch. Die *China illustrata* des Athanasius Kircher enthält auch die ersten und für lange Zeit einzigen Nachrichten über das der westlichen Welt verschlossene Tibet; die Skizze des jesuitischen Missionars Johann Grueber von der Palastburg (Potala) des Dalai Lama in Lhasa ist die früheste Darstellung dieses Baudenkmals. Mehrere Dutzend sorgfältig gearbeitete Kupferstiche, etwa eine Landkarte von China, die Darstellung der Chinesischen Mauer, Bilder von Pagoden, von Menschen, Tieren und Pflanzen aus China, von Göttern der fernöstlichen Völker, sowie die exzellenten Texte Kirchers machten die *China illustrata* zu einem Gesamtkunstwerk, das sowohl Laien als auch Gelehrte mit Gewinn zur Hand nahmen (Bandsignatur: 14943).

Eine der berühmtesten Dichtungen der klassischen Antike sind die *Metamorphosen* des römischen Dichters Publius Ovidius Naso (43 v. Chr. – 17/18 n. Chr.). Ovids Meisterwerk, gestaltet in Hexametern, war auch während des ganzen Mittelalters ein von den Gelehrten häufig gelesenes Buch, und der mythologische Sagenschatz, den Ovid in seinen rund 250 Verwandlungsgeschichten in chronologischer Reihenfolge von der Erschaffung der Welt bis zu Cäsars Tod ausbreitet, war eine große Vorratskammer, aus der Romanciers des Mittelalters immer wieder neue Stoffe entliehen. Auch die Stiftsbibliothek St.Gallen besitzt neben einem kleinen Fragment in Handschrift Nr. 864 eine fast vollständige Abschrift der *Metamorphosen* des Ovid aus dem 12. Jahrhundert (Handschrift Nr. 866). Im 16. Jahrhundert setzte vor allem in Italien und Frankreich, später auch in England und Deutschland eine «ovidische Welle» ein; in wenigen Jahrzehnten erlangten die *Metamorphosen* und auch die übrigen Werke von Ovid grösste Verbreitung. In die Zeit dieser Ovid-Begeisterung gehört:

– Das Kupferstichwerk der *Metamorphosen* des Johann Wilhelm Baur: Der aus Strassburg stammende und zuletzt in Wien wirkende Künstler Johann Wilhelm Baur (gest. 1640) schuf in seinen beiden letzten Lebensjahren sein bedeutendstes Werk, die 151 bizarren und theatralischen Radierungen zu den *Metamorphosen* des Ovid. In der Erstausgabe erschien dieses

Chinesische Dame am Kaiserhof
Kupferstich aus der *China illustrata* des Athanasius Kircher
gedruckt im Jahre 1667 in Amsterdam
(Bandsignatur: 14 943 – 6. Vitrine)

Werk 1641 in Wien; ausgestellt ist ein Augsburger Nachdruck aus dem Jahre 1709. Abgedruckt ist nicht der lateinische Originaltext in Hexametern, sondern eine Prosafassung eines ungenannten Autors (Bandsignatur: 17749).

Obwohl naturwissenschaftliche Werke in den Beständen der Stiftsbibliothek einen verschwindend kleinen Teil ausmachen, besass sie mehrere aufwendig gestaltete, kostbare und teure Bücher aus diesen Wissensgebieten. Mit Atlanten und anderen geographischen Werken war man sogar relativ gut versehen. Bibliothekar Hauntinger schaffte nach 1780 mehrere naturwissenschaftliche Grundlagenwerke an, die gemäss eigenen Angaben vor allem dazu dienen sollten, die Mineralien im Naturalienkabinett zu bestimmen. Zu diesen naturwissenschaftlichen Kostbarkeiten der Klosterbibliothek zählt

– Das Pflanzenbuch des Regensburger Apothekers Johann Wilhelm Weinmann: *Phytanthoza-Iconographia oder eigentliche Vorstellung etlicher Tausend so wohl Einheimisch als ausländischer aus allen vier Welt-Theilen…gesammleter Pflantzen, Bäume, Stauden, Kräuter, Blumen, Früchten und Schwämme…*: So lautet der sehr umständliche Titel dieses insgesamt fünfbändigen Werkes, dessen beide (Text-)Bände erstmals in den Jahren 1737 und 1742 im Druck erschienen sind. Zu den beiden Textbänden, in denen die einzelnen Pflanzen in alphabetischer Ordnung beschrieben sind, gehören drei Tafelbände, in denen über 1000 Pflanzen aus aller Welt auf kolorierten Kupferstichen auch bildlich vorgestellt werden. Die Stiftsbibliothek St.Gallen besitzt nicht die Erstausgabe dieses Pflanzenbuches, das als das beste und sorgfältigste seiner Zeit galt, sondern eine spätere Auflage, für die der Schweizer Naturforscher Albrecht von Haller 1745 ein Vorwort schrieb. Das Kräuterbuch ist eine Gemeinschaftsproduktion von Regensburger Medizinern und Pharmazeuten sowie von mehreren Augsburger Kupferstechern. Druckort ist Augsburg (Bandsignatur: O I I 6–10).

Zu den Zimelien der barocken Klosterbibliothek gehört das Fischbuch des Marcus Elieser Bloch. Bibliothekar Johann Nepomuk Hauntinger erwähnt dieses achtbändige Werk in seinen Bemerkungen über die Anschaffungen der Klosterbibliothek zwischen 1780 und 1792 mehrfach ehrenvoll. Er hoffe, schreibt er 1784, dass auch die weiteren Bände dieses eben erst erschienenen «Berlinischen Fischbuches» dank der Grossherzigkeit von Fürstabt Beda erworben werden könnten.

– Das *Fischbuch* des Marcus Elieser Bloch (1723–1799): Bloch, ein in Berlin wohnhafter jüdischer Arzt und Naturforscher, gab 1782–1784 eine

Steine werden in Menschen verwandelt: Kupferstich des Johann Wilhelm Baur (gest. 1640) in den *Metamorphosen* des römischen Dichters Publius Ovidius Naso gedruckt im Jahre 1709 in Augsburg (Bandsignatur: 17749 – 6. Vitrine)

Öconomische Naturgeschichte der Fische Deutschlands und nachher, zwischen 1785 und 1795, in drei Textbänden eine *Naturgeschichte der ausländischen Fische* im Druck heraus. Beide Werke, mit detaillierten Beschreibungen der einzelnen Fische Deutschlands, Europas und Aussereuropas versehen, aber auch mit Angaben über Zucht und Fangmethoden der Fische, waren begleitet von vier Tafelbänden mit insgesamt 432 kolorierten Kupferstichen der einzelnen Fische. Um die hohen Kosten zu decken, sind – als Novum – zahlreiche Kupfertafeln des dritten und vierten Bandes von Sponsoren, zumeist Adeligen aus Berlin und Umgebung, finanziert worden. Die Geldgeber sind jeweils unten auf den einzelnen Tafeln genannt, etwa von Nr. 272 (Grossauge): «Gestochen auf Kosten Ihrer Majestät, der verwittw. Königinn von Preussen» oder von Nr. 279 (Vierstachel): «Gestochen auf Kosten Sr. Exel: des geheimen Etatsministers Grafen von Arnim». Das achtbändige Werk hat für die Fischkunde bleibende Bedeutung erlangt, vor allem durch die sehr ausführliche und genaue Beschreibung der einheimischen Fischfauna, aber auch durch die grosse Zahl ausländischer Fischarten, die Bloch als erster beschrieb und wissenschaftlich benannte. Durch die Präzision der Darstellungen übertraf Blochs von Fachleuten und Laien gleichermassen geschätztes Werk alle früheren Publikationen (Bandsignatur für die Tafelbände: O l III 1).

Auch das fünfte Druckwerk, das in dieser Vitrine stellvertretend für die zahlreichen, im ausgehenden 17. und im 18. Jahrhundert erworbenen Bücherschätze steht, ist nicht in dem mit *Ilias in nuce* überschriebenen Konvolut verzeichnet. Das Faksimile der Peutinger'schen Tafel, herausgegeben im Jahre 1753 von Franz Christoph von Scheyb (1704–1777), wurde nämlich erst im Jahre 1788 auf einer Auktion, der sogenannten «Orellischen Auction» in Zürich, erworben. Bereits Hauntinger wusste den Wert dieses seltenen und mit äusserster Sorgfalt gestalteten Werkes zu würdigen. Im Kommentar zu den Neuerwerbungen der Bibliothek in Handschrift Nr. 1285 schreibt er: «Die prächtige Ausgabe von der sogenannten Charta Peutingeriana ... ist eben so selten als schöne Monumente eines fürstlichen Magnaten».

– Faksimile der Peutinger'schen Tafel: Bei der Peutinger'schen Karte, so benannt nach einem früheren Besitzer, dem Augsburger Ratschreiber Konrad Peutinger, handelt es sich um die mittelalterliche Kopie einer heute verlorenen spätantiken Weltkarte aus dem 12. oder frühen 13. Jahrhundert. Gemäss den Schriftformen dürfte die Kopie im bairisch-alemannischen Raum, möglicherweise im Kloster auf der Insel Reichenau, angefertigt worden sein. Die Tafel besteht heute aus elf Pergamentblättern, die ursprünglich an den Rändern zusammengeklebt waren und so eine 6,75

Der Barsch
Kolorierter Kupferstich aus dem *Fischbuch* des Marcus Elieser Bloch
gedruckt 1785 in Berlin
(Bandsignatur: O I III 1, Tafel 52 – 6. Vitrine)

Meter lange Rolle gebildet hatten. Die Karte zeigt das Römische Reich der ersten nachchristlichen Jahrhunderte und stellt, römisch-praktischem Denken entsprechend, die Strassen und grossen Verbindungslinien dar, die das Römische Reich durchzogen haben und für den Fernhandel mit dem Orient von Bedeutung gewesen sind. Entlang dieser Strassen sind Knotenpunkte, Etappenorte und Raststätten mit ihren Namen aufgeführt, ebenso die Entfernungen zwischen ihnen. Die Kopie des 12./13. Jahrhunderts befindet sich seit 1738 als eine der kostbarsten Zimelien (Codex Vind. 324) in der Österreichischen Nationalbibliothek in Wien. Bei der Faksimilierung im Jahre 1753 wurde ölgetränktes Papier über die einzelnen Pergamentblätter gelegt und so das Original durchgepaust. Der Herausgeber Franz Christoph Scheyb, ein Diplomat und Beamter, versah seine Arbeit mit einer Widmung an Kaiserin Maria Theresia, schrieb eine über 69 Seiten lange Abhandlung über die Peutinger'sche Tafel und gab seinem Werk ein ausführliches alphabetisches Register der Regionen, Inseln, Flüsse, Städte und aller auf der Karte notierten Orte bei (Bandsignatur: O r I 12).

Literaturhinweise

Zum Verzeichnis *Ilias in nuce* und zum Akzessionskatalog Johann Nepomuk Hauntingers: JOHANNES DUFT, Die Handschriften-Katalogisierung in der Stiftsbibliothek St.Gallen vom 9. bis zum 19. Jahrhundert, in: Handschriften der Stiftsbibliothek (wie Vitrine 2), S. 49*–53* und 67*–70* .

Zu Athanasius Kircher und seinem Werk: FRITZ KRAFFT, Athanasius Kircher, in: Neue Deutsche Biographie, Bd. 11, Berlin 1977, S. 641–645. – Universale Bildung im Barock. Der gelehrte Athanasius Kircher. Ausstellungskatalog, hrsg. von der Stadt Rastatt unter Mitarbeit von REINHARD DIETERLE, Rastatt 1981.

Zu Blochs Fischbuch: MARCUS ELIESER BLOCH, Naturgeschichte der Fische I: Fische Deutschlands. Eine Auswahl. Mit einem Nachwort von CHRISTINE KARRER (= Die bibliophilen Taschenbücher 213), Dortmund 1980. – MARCUS ELIESER BLOCH, Naturgeschichte der Fische II: Eine Auswahl aus den «Ausländischen Fischen», von CHRISTINE KARRER (= Die bibliophilen Taschenbücher 245), Dortmund 1981.

Zur Peutinger'schen Tafel: Die Peutingersche Tafel, hrsg. von KONRAD MILLER, Neudruck Stuttgart 1962. – HANS LIEB, Zur Herkunft der Tabula Peutingeriana, in: Die Abtei Reichenau. Neue Beiträge zur Geschichte und Kultur des Inselklosters, hrsg. von HELMUT MAURER, Sigmaringen 1974, S. 31–33. – Tabula Peutingeriana. Codex Vindobonensis 324. Faksimile und Kommentar von EKKEHARD WEBER, Graz 1976.

7. VITRINE

Die Sankt Galler Klosterdruckerei 1633–1798

«Zu St.Johann eine Presse zu einer Truckherei auffgericht», schrieb der St.Galler Fürstabt Pius Reher (1630–1654) am 31. März 1633 in sein Tagebuch. Als zweites Schweizer Benediktinerkloster nach Muri richtete das Kloster St.Gallen in jenem Jahr eine eigene Druckerei ein, nachdem man noch im 16. Jahrhundert während einiger Jahrzehnte einem Buchdrucker die Erlaubnis gegeben hatte, auf dem Gebiet der Fürstabtei (in Tübach bei Rorschach) eine Druckerei zu betreiben. Die Gründe für die Einrichtung einer eigenen Druckerei dürften in erster Linie darin gelegen haben, dass die bevölkerungs- und flächenmässig große Fürstabtei St.Gallen von den oftmals unzuverlässigen auswärtigen Lohndruckereien – auch in der Stadt St.Gallen existierte damals keine Druckerei – unabhängig sein wollte. Als Inhaber der geistlichen und weltlichen Gewalt wollte der Fürstabt seine Mandate, Verordnungen und Bekanntmachungen in unmittelbarer Nähe vervielfältigen und drucken lassen. Dass die Druckerei für die ersten acht Jahre bis 1641 im Priorat Neu St.Johann im Toggenburg untergebracht wurde, war durch den Dreissigjährigen Krieg bedingt. Just in jenem Jahr 1633 belagerten nämlich evangelische schwedische Truppen während einiger Monate die Stadt Konstanz und bedrohten auch die stiftsanktgallischen Lande. Neu St.Johann, im Hinterland gelegen, schien diesbezüglich weniger gefährdet. Als sich die politische Situation verbesserte und Kriegshandlungen im benachbarten süddeutschen Raum keine unmittelbare Gefahr mehr bedeuteten, verlegte man die klostereigene Druckerei ins Stammkloster St.Gallen. Bis zur Aufhebung des Klosters sollten Hunderte von Broschüren und Büchern und Tausende von Einblattdrucken im Klosterbezirk von St.Gallen gedruckt werden; allerdings gab es Phasen, in denen die Druckerei aus Kostengründen (etwa 1703–1704) oder aus anderweitigen Ursachen (1712–1719: Buchdruckerei von Bern und Zürich fortgeschleppt) nicht in Betrieb war.

Über den Betrieb der Druckerei des Klosters sind heute leider nur sehr wenige Dokumente, etwa Korrespondenzen, druckfertige Manuskripte oder Abrechnungen, erhalten. So blieb die *Typographia principalis monasterii S. Galli* bis heute ein Aschenbrödel der Forschung. Einzig Moriz Grolig befasste sich in den 1920er und 1930er Jahren intensiv mit der Geschichte der

Klosterdruckerei St.Gallen und legte auch ein Verzeichnis sämtlicher ihm bekannten Stiftsdrucke an, das heute leider verschollen ist. Die Produkte der Druckerei wurden in der Klosterbibliothek oder im Klosterarchiv nicht bewusst gesammelt, so dass weder Stiftsbibliothek noch Stiftsarchiv ein lückenloses Publikationenverzeichnis besitzen: Immer wieder wird man auf zusätzliche Klosterdrucke aufmerksam, die bisher in den Katalogen nicht erwähnt sind. Die Druckerei wurde von einem direkt dem Abt unterstellten Mönch als Aufseher geleitet; geführt wurde sie von einem Nicht-Kleriker, einem Buchdrucker aus dem Laienstand. Dieser bekam ein Pflichtenheft und wurde vom Kloster für seine Tätigkeit besoldet.

Die meisten Produkte der Klosterdruckerei von St.Gallen sind schmucklos und keine überragenden Druckleistungen. Wichtig war einzig der Text und die verbesserte Zugänglichkeit dieses Textes. Trotzdem begegnen uns unter den Klosterdrucken Kostbarkeiten und Raritäten: Repräsentativ stehen sie in dieser Vitrine neben einigen charakteristischen Erzeugnissen der Klosteroffizin.

Gantordnungen, Erbrechtsbestimmungen, Sitten- und Kleidermandate, Sendschreiben des Abtes bezüglich das Schulwesen, ein Mandat über den Flachshandel, Verzeichnisse der Mönche im Kloster, Abdrucke von Urkunden aus dem Klosterarchiv: Einblattdrucke dieser Art dürften zu Tausenden in der Klosterdruckerei angefertigt worden sein. Sie erwecken weniger buchdruckerisches als vor allem inhaltliches Interesse. Aus dem Rahmen fällt diesbezüglich ein Einblattdruck aus dem Jahre 1641: Er dürfte eines der ersten Produkte des nach St.Gallen verlegten Betriebs sein. Das Exemplar der Stiftsbibliothek scheint das einzige zu sein, das dem Schicksal der Vernichtung entgangen ist. Dabei ist dieser heute auf einen Karton des 20. Jahrhunderts aufgezogene Einblattdruck eine buchdruckerische Exklusivität:

– Geistliches Labyrinth: Ein mit «Ach, reicher Gott, wem soll ich's klagen» beginnender gereimter Text wurde vom Drucker in labyrinthartiger Form gesetzt. Der einzig mögliche Ausweg von der Initiale A[ch] im Zentrum führt mit Hilfe von Dutzenden von Umdrehungen des Blattes zu dem mit einer hinweisenden Hand angedeuteten Ausgang. Nicht nur formal stellt dieser aufwendige Druck ein Labyrinth dar; auch inhaltlich wird auf ein Labyrinth Bezug genommen. Die irdische Welt sei ein Labyrinth, ein «Dollgarten», aus dem heraus der Mensch nur mit Gottes Hilfe den Weg zum Ausgang, zum Paradies, finden könne. Die beschwerlichen Richtungswechsel beim Wenden des Blatts sollen die Mühseligkeiten andeuten, denen der Mensch in seinem Leben unterworfen ist. Der Verfasser des Textes äussert aus der Ich-Perspektive sein Bedauern über den bisher geführten Lebenswandel und feiert seine Bekehrung dank der Hilfe Gottes. Text und Art der Darstellung waren im übrigen keine originalen Erfindungen eines St.Galler Mönches, der die Gläubigen der stiftsanktgallischen Lande zur Umkehr aufzurufen versuchte. Man hatte schlichtweg eine ältere, aus dem Kölner Raum stammende Vorlage, einen identisch gestalteten Text des aus den Niederlanden stammenden Matthias Quadt, wörtlich kopiert (Signatur: Z 3,32).

Einblattdruckartigen Charakter besass ursprünglich auch die Edition der Urkunden des Klosterarchivs von St.Gallen. Aus Sicherheitsgründen (Schutz vor Beschädigung und Verlust) begann man unter Fürstabt Pius Reher in den Jahren 1645 und 1646, die ältesten Rechtsdokumente, die teilweise bis zum Ende der Klosterzeit praktischen Wert für die Abtei besassen, abzuschreiben und durch den Druck in bescheidener Anzahl zu vervielfältigen. Magnus Brülisauer (1582–1646) und Chrysostomus Stipplin (1609–1672) waren die ersten St.Galler Mönche, die sich mit ihrer Drucklegung beschäftigten. Die ältesten Urkunden vom frühen 8. Jahrhundert bis ins Jahr 1360 wurden, in chronologischer Reihenfolge nach Abbatiaten geordnet, zu einem Folianten, dem sogenannten *Codex Traditionum*, zusammengebunden.

- Der *Codex Traditionum:* Er enthält auf 632 Seiten die Traditionsurkunden des Klosters, daneben Personennamenlisten, Einkünfte- und Servitienverzeichnisse, Jahrzeitstiftungen, Verbrüderungsformulare und Beurkundungen verschiedener Rechtsgeschäfte und wurde vermutlich nur in 24 Exemplaren gedruckt, die bis zum Ende der Klosterzeit hermetisch unter Verschluss gehalten und der interessierten Gelehrtenwelt weitestgehend vorenthalten wurden. Die Edition der Urkunden ist eine große und verdienstvolle Leistung des Klosters St.Gallen: Kein anderes Kloster hat in jener Zeit seine Urkunden derart systematisch und in umfassender Weise abgedruckt. Aus Sicherheitsgründen bekamen die vatikanische Bibliothek und einige Ordensbibliotheken ein Exemplar des *Codex Traditionum*; die im Stift aufbewahrten Exemplare bekam nur hie und da ein auserwählter Besucher zu Gesicht (Handschrift Nr. 1407a).

Die meisten grösseren Druckerzeugnisse der Klosteroffizin, sieht man einmal von der großen Menge von zumeist philosophisch-theologischen Thesenschriften von St.Galler Mönchen ab – sind religiös-seelsorgerischen Inhalts: Gebetbücher sowie Andachts- und Erbauungsliteratur, Katechismen und Liedersammlungen, Texte zur Erinnerung an Translationsfeierlichkeiten und hagiographische Werke, Nachdrucke von Predigten oder Bruderschaftssatzungen. Diese riesige Vielfalt an Publikationen, teilweise von hauseigenen Autoren verfasst, lässt sich aus dem unvollständigen Katalog der Stiftsdrucke in der Stiftsbibliothek herauslesen: *Geistliches Praeservativ*, verfasst von Joachim Seiler, Abt von Fischingen (1671), *Leben der Heiligen*, geschrieben von Petrus Ribadeneira, von St.Galler Mönchen übersetzt und mit einem St.Galler Anhang versehen (1671), *Catholisch Gesang-Büchlein* (1689), *Hülff- und trostreiche marianische Woche, ein glückseeliges End zu erlangen*, verfasst von Constanz Arzonni (1711), *Statuta oder Satzungen der Bruderschafft des hl. Valentini in dem Gottshaus St.Gallen* (1730), *Englische Kinder-Lehr*, von den St.Galler Patres Mauritius Geiger und Johann Georg Schenkle verfasst (mehrere Auflagen), *St.Gallisches Bettbuch*, zusammengestellt von Pater Gerald Wieland (mehrere Auflagen). Vier solcher Publikationen religiös-theologischen und seelsorgerischen Inhalts stehen stellvertretend in dieser Ausstellung:

– *Andacht des Calvari-Bergs* (1710): Das kleinformatige Gebets- und Erbauungsbuch bietet dem Leser Gebete und Betrachtungen zu wichtigen Episoden der Passionsgeschichte Christi und ist eine Übersetzung des Textes *La dévotion au Calvaire* des französischen Jesuiten Jean Crasset (1618–1692) in die deutsche Sprache. Ob der Übersetzer ein St.Galler Mönch war, lässt sich nicht mehr ermitteln; hingegen entwarf ein St.Galler Konventuale das Frontispiz, das den gekreuzigten Christus, umgeben von den sogenannten «Arma Christi», zeigt. «G. H. M. S. G. del.», lautet die Abkürzung am unteren Bildrand. «Gabriel Hecht, Monachus [Mönch] Sancti Galli [von St.Gallen], delineavit [hat gezeichnet]» heisst deren Auflösung. Der begabteste St.Galler Künstlermönch seiner Zeit (1664–1745) illustrierte um die Wende vom 17. zum 18. Jahrhundert nämlich zahlreiche Publikationen der Klosterdruckerei. «Arma Christi» nennt man jene Utensilien und Gegenstände, die in der Passionsgeschichte eine Rolle spielten. Neben Christus am Kreuz, der Stadt Jerusalem und einer gebirgigen Landschaft im Hintergrund erkennt man die drei Würfel, die Nägel, den Hahn des Petrus, einen Hammer, eine Zange, eine Leiter, eine Laterne, ein Schwert, den ungenähten Mantel, eine Säule zur Geisselung und Geisseln, die Waschschüssel des Pilatus mit Besteck, ein Salbkrüglein, ein Myrrhenbüschel, einen Ysopstengel sowie den Sack mit den 30 Silberlingen (Bandsignatur: 13 005).

– Die Heiligen des Schweizerlandes (*Helvetia sancta*): Die Klosterdruckerei von St.Gallen legte das erstmals 1648 in Luzern erschienene große hagiographische Werk des Ittinger Kartäusermönchs Heinrich Murer (1588–

Die «Arma Christi»
Kupferstich von Pater Gabriel Hecht (1664–1745)
im Gebets- und Erbauungsbüchlein *Andacht des Calvari-Bergs*
gedruckt im Jahre 1710 in der Klosterdruckerei St.Gallen
(Bandsignatur: 13 005 – 7. Vitrine)

1636) im Jahre 1750 neu auf. Dabei wurde auf die kostspielige Wiedergabe der zahlreichen Kupferstiche der Erstauflage verzichtet. Graphisch wurde das Murer'sche Werk gänzlich neu gestaltet; inhaltlich wurde es wesentlich überarbeitet und aktuell ergänzt. Einziger Bilderschmuck der Neuauflage ist das (nicht in allen Exemplaren vorhandene) Frontispizblatt, ein Kupferstich des Augsburger Stechers Johann Baptist (oder eventuell Joseph Sebastian) Klauber. Er stellt die bekanntesten Schweizer Heiligen dar; die St.Galler Heiligen Gallus, Otmar, Eusebius, Notker Balbulus und Wiborada geniessen dabei eine Vorzugsstellung. Wie bei fast allen Publikationen der Klosterdruckerei sind die genaueren Umstände der Wiederveröffentlichung von Murer's *Helvetia sancta* der schlechten Quellenlage wegen nicht bekannt; man weiss nicht, ob überhaupt und wenn ja, welche St.Galler Mönche hinter dem Unternehmen standen (Bandsignatur: S l III 4).

- Anleitung für die Priester der Fürstabtei St.Gallen zur Sakramentenspendung in ihren Pfarreien (1747): Zuhanden der Seelsorger auf seinem Territorium erliess der St.Galler Fürstabt Cölestin Gugger (1740–1767) am 1. August 1747 Anweisungen zur Spendung des Taufsakramentes, der Nottaufe, des Beichtsakramentes, der Kommunion, zum Ehevorbereitungsgespräch, zum Sakrament der Eheschliessung sowie zur Bestattung von Erwachsenen und Kindern (*Ordo administrandi sacramenta baptismi, poenitentiae et sacro-sanctae eucharistiae celebrandique matrimonium et exequias).* Die Anweisungen sind in lateinischer Sprache gehalten; wo aber bei diesen rituellen Handlungen die deutsche Sprache notwendig war – das Volk war zu weiten Teilen bekanntlich des Lateins nicht mächtig –, tauchen immer wieder deutsche Standardsätze auf, die der Priester oder aber der Sakramentenempfänger zu sprechen hatte: «Wie heisst ihr?» «Ja, Herr!» «Ich frage euch an anstatt deß allmächtigen Gottes...» Erweitert um die bei der Letzten Ölung zu sprechenden Worte wurde das kleine Bändchen 1790 unter Fürstabt Beda Angehrn nochmals aufgelegt (Bandsignatur: 12851).

- Der *Cursus Theologicus Sangallensis* (1670): Zum Nutzen der Theologiestudenten des Klosters St.Gallen («in gratiam et utilitatem fratrum religiosorum S. Galli»), die ab der Mitte des 17. Jahrhunderts praktisch ausschliesslich in den klostereigenen Schulen ausgebildet wurden, verfassten die Theologie- und Philosophieprofessoren der Klosterschule von St.Gallen unter der Federführung von Pater Tutilo Gebel (1616–1680) einen zehnbändigen gedruckten Lehrgang. Erwachsen aus Vorlesungsskripts, sollte damit den Schülern das aufwendige und zeitraubende Schreiben ab-

Die Heiligen des Schweizerlandes
Kupferstich von Johann Baptist (?) Klauber aus Augsburg
Frontispiz zur *Helvetia sancta* des Kartäusers Heinrich Murer
veränderter Nachdruck der Klosterdruckerei St.Gallen, 1750
(Bandsignatur: S l III 4 – 7. Vitrine)

genommen werden. Der Inhalt der zehn Bändchen im Duodezformat ist in starkem Masse jesuitischem Gedankengut verhaftet – bis etwa 1620/30 hatten die St.Galler Mönche vornehmlich an der von Jesuiten geführten Hochschule von Dillingen studiert – und von der scholastischen Theologie des Thomas von Aquin geprägt. Der dritte und vierte Band befassen sich beispielsweise mit der Gnadenlehre und den theologischen Tugenden, Band 8 ist der Lehre von der Menschwerdung Christi gewidmet, die Bände 9 und 10 behandeln die Sakramentenlehre. Der gedruckte St.Galler Theologielehrgang fand breite Anerkennung und wurde auch von Theologiestudenten in Klöstern in Süddeutschland und Österreich verwendet. Im Galluskloster selbst stand der *Cursus Theologicus Sangallensis* noch 100 Jahre nach der Erstveröffentlichung im Gebrauch. Erstmals wurde das theologische Lehrbuch von St.Gallen zwischen 1666 und 1669 in der damals von Adam Haerckner geführten Klosterdruckerei aufgelegt; ausgestellt ist ein Bändchen der Auflage von 1670. Jeder Band ist dem Abt eines mit St.Gallen besonders verbundenen Klosters gewidmet und mit einem auf das jeweilige Kloster (Bd. 1: Kempten; Bd. 2: Murbach; Bd. 3: Einsiedeln; Bd. 4: Pfäfers; Bd. 5: Disentis; Bd. 6: Muri; Bd. 7: Rheinau; Bd. 8: Fischingen; Bd. 9: Engelberg; Bd. 10: Mariastein) abgestimmten Kupferstich verziert (Bandsignatur: 13 051).

Im letzten Viertel des 18. Jahrhunderts förderte Abt Beda Angehrn nicht nur die klosterinterne Ausbildung, er verbesserte auch das Elementarschulwesen auf dem Gebiet der Fürstabtei. Gegen zeitweise starken Widerstand der Bevölkerung führte er die sogenannte «Normalschule» mit starker Betonung der Realien ein. Das Verzeichnis der Publikationen aus der Klosterdruckerei aus den letzten Jahren der Klosterzeit enthält so manchen Titel, der nicht ausschliesslich der religiösen Bildung, sondern ebenfalls einer verbesserten Allgemeinbildung der Jugend diente. *Kurze Anleitung zur feinern deutschen Sprache zum Nutzen der st.gallischen Schulen* (1776), lautet der Titel eines kleineren Büchleins. 1783 wurde von der Klosterdruckerei St.Gallen ein eigenes *Lehrbüchlein für das Schreiben und Rechnen* herausgegeben, und daselbst erschien im selben Jahr auch eine Schrift des Münchner Jesuiten Matthias von Schönberg (1734–1792) mit Verhaltensmassregeln für Schüler: *Der höfliche Schüler.*

Unter den Erzeugnissen der Klosterdruckerei finden sich manche bibliothekarische Perlen. Wenig bekannt ist beispielsweise der Umstand, dass der bekannteste Schweizer Komponist des 18. Jahrhunderts, der Luzerner Franz Joseph Leonti Meyer von Schauensee (1720–1789), sein Opus 1, 40 Sopranarien mit Streichorchester, mit dem Titel *De semine bono…flos vernans,*

1748 in der Klosterdruckerei von St.Gallen veröffentlichte. Meyer von Schauensee hatte während des Abbatiats von Fürstabt Joseph von Rudolphi an den Klosterschulen von Neu St.Johann und St.Gallen seine Gymnasialausbildung absolviert und dürfte später weiterhin Kontakte nach St.Gallen gepflegt haben. Zu den besonderen Kostbarkeiten der Klosterdruckerei gehören zwei Veröffentlichungen aus dem Jahre 1702, die Festschrift zum 100-Jahr-Jubiläum der Helvetischen Benediktinerkongregation mit dem Titel *Idea sacrae congregationis helveto-benedictinae* sowie ein Soldatenspiegel mit der detaillierten Erklärung der wichtigsten Gewehr-Handgriffe in Text und Bild:

– Festschrift zum 100-Jahr-Jubiläum der Helvetischen Benediktinerkongregation im Jahre 1702: Im Kloster St.Gallen fanden zwischen dem 10. und dem 14. September 1702 die Jubiläumsfeierlichkeiten zum 100. Geburtsjahr der Schweizer Benediktinerkongregation statt. Im Gefolge des Tridentinischen Konzils hatten sich die Klöster von St.Gallen, Einsiedeln, Disentis, Pfäfers, Muri, Rheinau, Fischingen, Engelberg und Mariastein zu einer Kongregation zusammengeschlossen. In regelmässigen Abständen (normalerweise alle drei Jahre) pflegten sich die Äbte der einzelnen Klöster zu mehrtägigen Versammlungen zu treffen, die abwechslungsweise in einem andern Kloster stattfanden. Für das 100-Jahr-Jubiläum liess der St.Galler Fürstabt Leodegar Bürgisser (1696–1717) eigens eine Festschrift schaffen. Pater Mauritius Müller, eine vielseitig begabte Mönchspersönlichkeit, die während längerer Zeit auch der Klosterbibliothek vorstand, schuf die Texte, den Widmungstext, einen historischen Rückblick und ein Elogium auf die ersten Jahre des Bestehens der Kongregation, eine Kurzgeschichte jedes einzelnen Klosters sowie Lobgedichte auf die Klöster und ihre Äbte. Den imposanten, überformatigen Titelkupferstich entwarf Pater Gabriel Hecht, der wohl auch gemeinsam mit dem Appenzeller Künstler Johann Sebastian Hersche an der Ausarbeitung der übrigen 20 ganzseitigen Kupferstiche beteiligt war. Stecher war der Augsburger Jacob Müller (um 1670–1703). Die exzellent ausgearbeiteten Kupferstiche zeigen Ansichten der barocken Anlagen der 9 Kongregationsklöster sowie Porträts der regierenden Äbte mit barockem Sinnspruch und darauf abgestimmtem emblematisch-allegorischem Bild. Die Vorreiterrolle, die St.Gallen innerhalb der Schweizer Benediktinerkongregation einnahm, lässt sich der *Idea* klar entnehmen. Auf dem Titelkupferstich stehen Fürstabt Leodegar und sein Kloster im Zentrum, und St.Gallen wird im folgenden auch als erstes der neun Klöster näher vorgestellt. Die Herstellung der Festschrift war eines der kostspieligsten Projekte der Druckerei: Über 900 Gulden kostete deren Drucklegung (Bandsignatur: S r X 6).

– Der *Soldatenspiegel* aus dem Jahre 1702: Fürstabt Leodegar Bürgisser übertrug den Oberbefehl über die Truppen der Fürstabtei St.Gallen dem Glarner Joseph Hessi, einem ehemaligen Solddienstoffizier in Diensten von Frankreich und des Herzogtums Mailand. Ihm kam die Aufgabe zu, die Soldaten für den Ernstfall militärisch auf den neuesten Stand zu bringen. Dazu gehörte auch die Kenntnis der wichtigsten Gewehrhandgriffe und -manipulationen. Dazu erschien in der Klosterdruckerei ein illustrierter «Leitfaden»: *Neü-ausgefertigter handgreifflicher Underricht oder Soldaten-Spiegel, in welchem alle Handgriff der Mußqueten ... gantz deütlich mit Figuren sambt beygesetzter Erklärung gewiesen werden.* Auf zwei gegenüberliegenden Seiten sind jeweils die Handgriffe in Wort und Bild (Kupferstiche mit den Bildern exerzierender Soldaten, zumeist unkoloriert) erklärt. Diese Handgriffe seien «heütiges Tags» bei Schweizer Truppen sowohl in Frankreich als auch in Italien gebräuchlich.
Joseph Hessi dürfte im übrigen kein sehr beliebter Truppenführer gewesen sein. Nachdem die Zürcher und Berner Truppen im Jahre 1712 bei Wil ins fürstäbtische Gebiet eingedrungen waren und unaufhaltsam Richtung St.Gallen vormarschierten, liefen die äbtischen Truppen, die bei Gossau versammelt waren, widerstandslos und demoralisiert auseinander. In dieser allgemeinen Aufbruchstimmung wurde Hessi in der Nähe des Schlosses Oberberg bei Gossau von seinen eigenen Truppen erschossen. Dem *Soldatenspiegel* der Klosterdruckerei von St.Gallen diente wohl eine analoge, etwas weniger aufwendig gestaltete Publikation der Stadt St.Gallen, gedruckt 1680/87 bei Jakob Redinger, als Vorlage (Bandsignatur: P m I 8).

Literaturhinweise

Zur Buchdruckerei des Klosters St.Gallen: MORIZ GROLIG, Die Buchdruckerei des Klosters St.Gallen 1633–1800, in: Mitteilungen zur Vaterländischen Geschichte 39 (1934), S. 287–326. – HERMANN STREHLER, Die Buchdruckerkunst im alten St.Gallen, St.Gallen 1967, S. 55–62.

Zum *geistlichen Labyrinth*: Ein geistliches Labyrinth. Einblattdruck aus er Buchdruckerei des Klosters St.Gallen (1641), mit einem Kommentar neu hrsg. von KARL SCHMUKI, St.Gallen 1996.

Zum *Codex Traditionum*: GUSTAV SCHERRER, Die gedruckte St.Gallische Dokumentensammlung, in: Archiv für Schweizerische Geschichte 16 (1868), S. 158–176. – HERMANN WARTMANN, Urkundenbuch der Abtei Sanct Gallen, Bd. 1, Zürich 1863, S. V–XV. – GALL HEER, Jean Mabillon (wie Vitrine 3), S. 44–45. – EDUARD STUDER, Ildefons von Arx (wie Vitrine 1), S. 234–254.

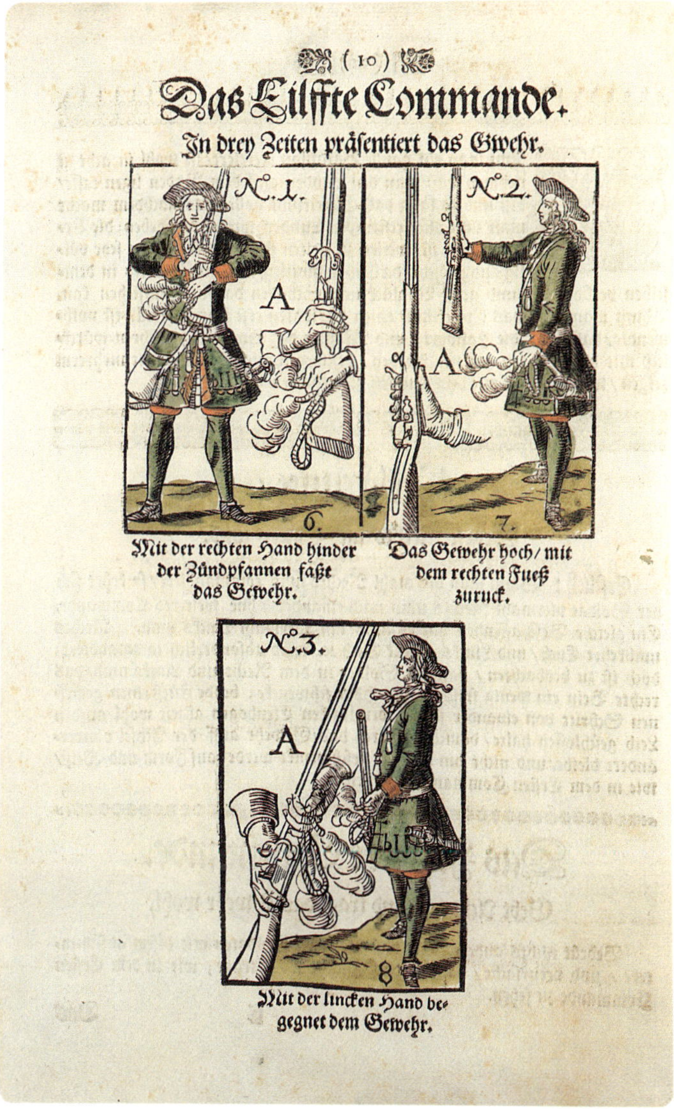
(10)

Das Eilffte Commande.

In drey Zeiten präsentiert das Gwehr.

Mit der rechten Hand hinder der Zündpfannen faßt das Gewehr.

Das Gewehr hoch/ mit dem rechten Fueß zuruck.

Mit der lincken Hand begegnet dem Gewehr.

Gewehrhandgriffe und -exerzierübungen
im *Soldatenspiegel* des Joseph Hessi
gedruckt im Jahre 1702 in der Klosterdruckerei St.Gallen
(Bandsignatur: P m I 8 – 7. Vitrine)

Zum *Cursus Theologicus Sangallensis:* HANS ZIHLMANN, Der Cursus Theologicus Sangallensis. Ein Beitrag zur Barockscholastik, Freiburg i.Ue. 1974 (auch Zeitschrift für Schweizerische Kirchengeschichte 68 [1974]).

Zur Jubiläumsschrift der Helvetischen Benediktinerkongregation: [MARTIN KIEM], Die schweizerische Benediktiner-Congregation in den drei ersten Jahrhunderten ihres Bestehens. Festschrift zum dreihundertjährigen Jubiläum 1902, Solothurn 1902, S. 30–33. – Idea Sacrae Congregationis Helveto-Benedictinae. Die Jubiläumsschrift von 1702 anlässlich des 100jährigen Bestehens der Schweizerischen Benediktinerkongregation, mit einer Einführung neu herausgegeben von WERNER VOGLER, Sigmaringen 1988.

Zum *Soldaten-Spiegel:* ERNST ZIEGLER, Die Milizen der Stadt St.Gallen, Rorschach 1992, S. 157–162.

8. *VITRINE*

Zum 300. Todesjahr von Kardinal Cölestin Sfondrati (1644–1696)

Der Mailänder Cölestin Sfondrati gehört zweifellos zu den herausragendsten Gestalten unter den st.gallischen Fürstäbten nach der Reformation. Eine kritische Würdigung aus heutiger Sicht muss freilich einige Retuschen am tradierten Bild dieses höchst geachteten und intelligenten, aber auch etwas zwiespältigen und gelegentlich fanatischen Mannes anbringen.

– Kurzbiographie und Kupferporträt Sfondratis in einer Geschichte der Päpste und Kardinäle: In einem zweibändigen, reich mit Kupferstichen illustrierten Werk mit dem Titel *Vitae et res gestae Pontificium Romanorum et S.r.E. Cardinalium a Clemente X. usque ad Clementem XII.* (= Leben und Wirken der Päpste und Kardinäle von Clemens X. bis Clemens XII.) gab Amarius Guarnacci 1751 die Lebensbeschreibungen der Päpste und Kardinäle zwischen 1670 und 1740 heraus. Trotz der sehr kurzen Amtszeit als Kardinal – vom 12. Dezember 1695 bis zum Tod am 4. September 1696 – wird Cölestin Sfondrati auf einer Doppelseite vergleichsweise ausführlich gewürdigt. Das Kupferporträt, nach einem Bildnis des Luganeser Künstlers Lodovico David (1648–1728/30) gestochen von Benoît Fariat (1646 – ca. 1720), zeigt den vormaligen Abt von St.Gallen als würdige, vergeistigte Gestalt. Oben rechts erscheint das Familienwappen des Kardinals, links dasjenige Innozenz XII., der ihn berufen hatte (Bandsignatur: S r I 3).

Aloisio Sfondrati wurde am 10. Januar 1644 als Sohn des Marchese Valeriano Sfondrati, Generalkommissär bei der spanischen Armee, und der Paula Marliana geboren. Die Familie war sowohl in Kirche als auch Politik und Militär sehr einflussreich. Papst Gregor XIV. war Aloisios Grossonkel, Kardinal Paolo Camillo Sfondrati, bekannt als Entdecker des Leichnams der heiligen Cäcilia in Trastevere in Rom, sein Onkel, sein Bruder Karl Philipp Bischof von Volterra, um nur einige der geistlichen Würdenträger zu nennen.

Weshalb wurde dieser Sprössling aus edler Mailänder Familie am 15. August 1656 dem weit entfernten Kloster St.Gallen zur Ausbildung anvertraut? Vielleicht besteht ein Zusammenhang zu seinem schwierigen, mitunter aggressiven Temperament. So wird berichtet, der Heranwachsende habe in Rorschach, wo er zunächst die Schule besuchte, Mitschüler und Lehrer mit Messern bedroht und verlauten lassen, er sei nicht fürs Klosterleben, sondern für den Kriegsdienst geboren. Dieses Benehmen wurde offenbar mit drakonischen Strafen geahndet. In der Folge und bis an sein Lebensende zähmte Sfondrati sein gewalttätiges Temperament mit harter, nach heutigen Begriffen wohl allzu harter Kasteiung. Angeblich fand man nach dem Tod Spuren harter Geisselung auf seinem Rücken, während Advents- und Fastenzeit soll er einen Bussgürtel getragen haben. Überhaupt soll er nur wenig gegessen und etwa frische Früchte aus asketischen Gründen verschmäht haben.

Nach dieser Umkehr wandte sich Sfondrati mit grossem Eifer dem Schulstoff zu, entschied sich auch bald für den Eintritt ins Kloster. Am 6. Mai 1660 legte er in St.Gallen die Profess ab und erhielt den Klosternamen Cölestin, «der Himmlische», der erstmals in der Geschichte des Konvents vergeben wurde. Frater Cölestin zeichnete sich in der Klosterschule St.Gallen, wo er nun seine philosophischen und theologischen Studien vervollständigte, durch gute Leistungen aus. So kam es, daß er bereits vor der Priesterweihe (26. 5. 1668) im November 1667 als Theologieprofessor nach Kempten gesandt wurde. Dort gab er seine erste Schrift heraus, eine Verteidigung der Lehre Thomas von Aquins (*Sacrum secretum angelica divi Thomae doctrina revelatum...*, Kempten: Klosterdruck, 1668). Er blieb zeitlebens ein überzeugter Anhänger und Anwalt des Thomismus.

Am 31. Dezember 1669 begann Sfondrati sein Wirken an der Klosterschule St.Gallen, wo er in den folgenden zehn Jahren zunächst Philosophie, später Theologie (seit 1671) und Kirchenrecht (seit 1678) dozierte. Eine späte Frucht dieser Lehrtätigkeit war der erst 1696 herausgegebene *Cursus philosophicus monasterii S. Galli*. Diese Einführung in die Philosophie diente lange Zeit als Grundlage des Philosophiestudiums in St.Gallen, ähnlich wie der bereits 1666–1670 erschienene *Cursus theologicus S. Galli* (an dem Sfondrati entgegen einer weit verbreiteten Meinung nachweislich nicht mitgearbeitet hatte). Das Werk wurde in gekürzter und ziemlich veränderter Fassung 1741, im Jahr der Benediktion Abt Cölestin Gugger von Staudachs, für den Schulgebrauch neu aufgelegt.

1678 ernannte Fürstabt Gallus Alt Sfondrati zum Offizial, und sandte ihn ein Jahr später nach Salzburg, wo er innert sechs Wochen in Theologie und

Kardinal Cölestin Sfondrati, Kupferporträt
in den *Vitae et res gestae Pontificium Romanorum et Cardinalium*
von Amarius Guarnacci, 1751
(Bandsignatur: S r I 3 – 8. Vitrine)

beiden Rechten doktorierte. Anschliessend wirkte er als gefeierter Universitätsprofessor für Kirchenrecht in Salzburg und wurde am 12. Juli 1680 vom Erzbischof zum Geistlichen Rat ernannt. Von diesem erhielt der hoffnungsvolle Gelehrte den Anstoss, in die Auseinandersetzung zwischen Rom und dem Gallikanismus einzugreifen.

Die französische Kirche hatte sich bereits im Mittelalter unter Anlehnung an den König möglichst große Freiheit von Rom verschafft. Ihr Unabhängigkeitsstreben führte auch nach der Reformation immer wieder zu Konflikten. In der zweiten Hälfte des 17. Jahrhunderts erreichten diese einen Höhepunkt, als Ludwig XIV., der «Sonnenkönig», 1682 beim französischen Klerus die sogenannten «Vier Gallikanischen Artikel» durchsetzte. Mit diesen sollte die päpstliche Gewalt in weltlichen, teilweise aber auch in geistlichen Angelegenheiten beschnitten werden. So wurde zwar anerkannt, daß der Papst in Glaubenssachen die Hauptentscheidung treffe. Diese sollte jedoch nur als unumstösslich gelten, wenn die Gesamtkirche zustimmte. Auf päpstlichen Druck hin musste der König die vier Artikel 1693 wieder zurücknehmen. Faktisch blieben sie freilich bis zur Revolution 1789 in Kraft.

Sfondrati stellte sich seinem orthodoxen Naturell entsprechend ganz auf die Seite Roms. Auf Veranlassung des Erzbischofs verfasste er das anfänglich unter dem Pseudonym Eugenius Lombardus publizierte Werk *Regale sacerdotium* (Das königliche Priestertum, 1684) als gelehrte, umfangreiche Schrift gegen den Gallikanismus. Sie wurde in Rom mit Begeisterung, in Paris dagegen mit Verärgerung aufgenommen.

– Mit *Gallia vindicata* (Das gerechtfertigte Frankreich) nahm er 1687/88 bereits als Abt von St.Gallen noch einmal vehement Stellung gegen einen Hauptvertreter der gallikanischen Kirche, den Jesuiten Louis Maimbourg: Das Buch wurde in der Klosterdruckerei gedruckt und später neu aufgelegt (1702, 1710). Ausgestellt ist die zweite Auflage von 1702, welche als Frontispiz das Porträt des Verfassers, geschaffen vom St.Galler Mönch Gabriel Hecht in Zusammenarbeit mit dem Augsburger Kupferstecher Jeremias Kilian, zeigt. Die *Gallia vindicata* trübte, wie schon das *Regale sacerdotium*, die guten Beziehungen der Abtei St.Gallen zu Frankreich, auf welche man aus politischen Gründen eigentlich angewiesen war. Sfondrati hat dies in Kauf genommen und damit dem Papst, nicht unbedingt aber der Abtei einen Dienst erwiesen. Letztere wurde 1712 nämlich von Frankreich im Stich gelassen, als Zürich und Bern im Toggenburg einmarschierten, das Kloster besetzten und unter anderem die Bibliothek nach Zürich verschleppten (Bandsignatur: 12882).

Sfondrati wurde Anfang 1683 nach St.Gallen zurückgerufen und versah zunächst bescheidene Seelsorgestellen in St.Georgen und Untereggen, bevor er von Abt Gallus Alt am 30. Juli 1684 erneut zum Offizial ernannt wurde. Für seine publizistischen Verdienste gegen den Gallikanismus wollte Papst Innozenz XI. 1686 den mailändischen St.Galler Mönch wiederholt zum Bischof von Novara ernennen, was dieser jedoch ebenso oft ausschlug. Stattdessen wurde er am 17. März 1687 zum Abt von St.Gallen gewählt. Die feierliche Benediktion fand u.a. wegen Vakanz der Nuntiatur erst am 4. Mai 1692 statt.

– *Diarium Coelestini Sfondrati 1687–1695:* Wie die meisten St.Galler Fürstäbte der Neuzeit führte auch Sfondrati ein Tagebuch, in welchem er die täglichen Geschäfte aufzeichnete. Der Text ist lateinisch und gelegentlich deutsch ausformuliert. Er enthält zwar manche Fakten, ist jedoch im Vergleich mit anderen Äbtetagebüchern dem Inhalt nach vergleichsweise uninteressant und unpersönlich, da Sfondrati bloss referiert und nicht räsonniert, also kaum eigene Überlegungen anführt. Das Diarium wird, wie auch viele Korrespondenzen, im Stiftsarchiv St.Gallen aufbewahrt (Stiftsarchiv St.Gallen, Band 271).

Zu den wichtigsten Leistungen Sfondratis als Fürstabt von St.Gallen gehört zweifellos die Abhaltung der Rorschacher Synode vom 8. bis 10. Mai 1690. Mit der Schaffung des stiftsanktgallischen Offizialats hatte der Abt von St.Gallen 1613 in seinen Untertanengebieten vom Bischof von Konstanz die kirchliche Jurisdiktion übernommen. Neben dem Kollatur- und Visitationsrecht bildete die Abhaltung von Synoden sein wichtigstes Mittel zur Förderung der Seelsorge. Derartige Versammlungen des Klerus zur Erörterung pastoraler Fragen wurden seit 1634 mehrmals abgehalten. Hervorzuheben sind die Quasi-Synode in St.Gallen von 1644, die Rorschacher Synode von 1690 und die St.Galler Synode von 1737. Im 20. Jahrhundert haben die Bischöfe von St.Gallen diese Synodal-Tradition mit der Diözesansynode von 1932 und der breit abgestützten Synode 72 weitergeführt.

Einige der 1690 in Rorschach gehaltenen Reden sowie die von Sfondrati erlassenen Dekrete und Konstitutionen wurden 1692 gedruckt (*Acta et decreta conventus generalis … in ecclesia Rosacena*). Der schmale Band bildet eines der wichtigsten Dokumente des st.gallischen Kirchenrechts vor 1805. Neben Weisungen für die Verwaltung der Sakramente wurden in den Erlassen auch heikle Fragen der Seelsorge und Sitte berührt. So wurden die Pfarrherren unter anderem aufgefordert, den Wirtshausbesuch an Kommuniontagen und die Organisation ausgelassener Feste (Stubeten) zu unterbinden. Mit

Hilfe der Eltern sollte zudem die Jugend von Betrunkenheit, Schwören, unehrenhaften Liebesbeziehungen und schlechtem Umgang ferngehalten werden. Abt Cölestin schloss die Versammlung mit einer lateinischen Ansprache an den Klerus zum Bibelwort «Ich bin der gute Hirte» (Joh 10,14 f.).

Die Seelsorge war wenigstens ursprünglich nicht die erste Aufgabe der Benediktinerklöster, wenn sie auch in St.Gallen viele Kräfte absorbierte. Wichtiger und wesensgemässer war gemäss dem benediktinischen Leitspruch «Ora et labora» (Bete und arbeite) die Liturgie. Im «Ora», in den täglichen Gottesdiensten, im gemeinsamen Gebet und Gesang, befand sich gewissermassen die Mitte des geistlichen Lebens. Von Anfang an wurden deshalb liturgische Handschriften in St.Gallen besonders feierlich gestaltet und illuminiert. Die seit dem 8. Jahrhundert gepflegte Buchkunst brachte hierzulande bis ins 18. Jahrhundert hinein ausserordentliche Erzeugnisse hervor. Dazu gehört das

- *Vesperale* Cölestin Sfondratis: Diese mit bunten Initialen und vielen Miniaturen am Rand verzierte liturgische Pergamenthandschrift enthält die Gesänge des dem Gottesdienst vorstehenden Abts während der feierlichen Vespern an den Hochfesten des Kirchenjahrs. Sie wurde in St.Gallen 1691 für Abt Cölestin geschaffen und gemäss Gustav Scherrer 1835 im Nachlass Bruder Notker Hagers wiederentdeckt (Handschrift Nr. 1452b).

Besonders am Herzen lag Sfondrati zeitlebens die Verehrung der Muttergottes. Seine in Salzburg an die akademische Studentenkongregation gerichteten Ansprachen wurden 1744 unter dem Titel *Quindena mariana* als St.Galler Klosterdruck herausgegeben. 1691 liess er von Stefano Maria Legnani in seiner Heimatstadt Mailand das ausgezeichnete Gemälde der Immaculata anfertigen, welches heute den Marienaltar in der Kathedrale ziert. Im 1698 erschienenen Werk *Triumphus Immaculatae* des Petershausener Mönchs Felix Egger, welches einen Überblick über die Entwicklung der benediktinischen Marienverehrung vermittelt, erhielt Sfondrati einen Ehrenplatz als bedeutendster benediktinischer Vertreter der Mariologie im 17. Jahrhundert. Dies kommt sowohl im Text, als auch im vorangestellten Kupferstich zum Ausdruck, wo Sfondrati neben Grössen wie Papst Gregor, Anselm von Canterbury und Hermann dem Lahmen abgebildet ist. Sein Ruf als Verehrer der unbefleckten Gottesmutter gründete unter anderem auf

- *Innocentia vindicata:* Das mit 47 Kupferstichen des Augsburgers Gabriel Ehinger (1652–1736) illustrierte Werk vereinigte Theologie und Emblematik der Mariologie. Es erschien in der St.Galler Klosterdruckerei in zwei Auflagen, 1695 und 1698. Im ersten Teil versuchte Sfondrati, die

Fest des heiligen Otmar
mit Darstellung der Otmarskirche im *Vesperale Abt Cölestins I.* von 1691
(Handschrift Nr. 1452b, S. 61 – 8. Vitrine)

unbefleckte Empfängnis Marias aus den Schriften Thomas von Aquins logisch herzuleiten. Im zweiten, emblematischen Teil veranschaulichte er die Tugenden Marias durch zahlreiche Bilder und dazugehörige Texte. Die Embleme in diesem schönsten Werk Sfondratis wurden in verschiedenen Freskenprogrammen, so in Vorau, Kremsmünster, Graz, Seggauberg und St.Peter in Salzburg, kopiert (Bandsignatur: S r X 4).

Mit der Wahl zum Abt von St.Gallen hatte Sfondratis Laufbahn – anders als in den meisten Fällen – noch nicht ihren Höhepunkt erreicht. Seine aktive Stellungnahme für das Papsttum im Streit mit dem Gallikanismus hatte ihm in einflussreichen Kirchenkreisen grösstes Ansehen verschafft. Er war gar in den Kreis der Papabiles aufgestiegen und erhielt bei der Papstwahl von 1691 drei Stimmen. Der bei dieser Gelegenheit gewählte Antonio Pignatelli, der den Namen Innozenz XII. annahm, ernannte den Abt von St.Gallen am 12. Dezember 1695 zum Kardinal. Sfondrati trat als Abt zurück und zog am 11. Januar 1696 nach Rom, wo er nun als einflussreicher Kurienkardinal und Mitglied der Riten-, Index-, Propaganda-, Konzils- und Konsistorialkongregationen sowie des Heiligen Officiums wirkte.

Als Titularkirche bezog Sfondrati Santa Cecilia Trastevere in Rom, wo 1599 unter seinem Onkel, Kardinal Paulus Camillus Sfondrati, die Gebeine der heiligen Cäcilia im Sarg unversehrt aufgefunden worden waren. Das Cäciliengemälde an der Nordseite des Saals der Stiftsbibliothek zeigt in Anlehnung an die plastische Gestaltung des Bildhauers Stefano Maderno (in der Grabeskirche) die Tote so, wie sie damals im Grab gelegen haben soll. (Von der historischen Kritik wird die Richtigkeit dieser Darstellung allerdings mit einleuchtenden Gründen bestritten.) Das Gemälde wurde von Pater Jodokus Metzler 1602 zusammen mit anderen Kunstgegenständen in Rom erworben. Sfondratis Titularkirche ist heute auch be-

Erklärung zu S. 93: Das Motto «Nichts von einer Mutter an sich habend» steht in Verbindung mit dem Bild der Lilie. Der zugehörige Text auf der Rückseite des Blatts folgt dem Leitgedanken «Lilium candidissimum ex lutosa terra» (Die reinste Lilie aus schlammiger Erde), der den Gegensatz zwischen schön und hässlich thematisiert. Er lautet deutsch: «Was ist schöner als eine Lilie? Was hässlicher als ein Sumpf? Und trotzdem entsteht aus diesem Sumpf etwas Schönes. Vergeblich werft ihr der Jungfrau den Adam (= die Erbsünde) vor. Es schadet der reinsten Blume nicht, aus dem Sumpf geboren zu sein, und es schadet der unschuldigsten Jungfrau nicht, von einem Sünder (= Joachim und Anna, die Eltern Marias?) gezeugt zu sein.»

Emblem «Nil matris habens»
aus Sfondratis *Innocentia vindicata*,
gedruckt 1695 in der Klosterdruckerei
(Bandsignatur: S r X 4 – 8. Vitrine)

kannt wegen Pietro Cavallinis bedeutenden Fresken mit dem Jüngsten Gericht (1293).

Lange Zeit war dem frischgebackenen Kardinal, auf den man große Hoffnungen gesetzt hatte, nicht mehr beschieden. Bereits im Mai erkrankte er schwer. Noch arbeitete er an seinem letzten Werk, *Nodus praedestinationis*, welches nach seinem Tod erneut Kontroversen auslöste. Sfondrati starb am 4. September 1696, betrauert in Rom und St.Gallen. Nach dem erhaltenen Obduktionsbericht hatte er an Darmkrebs gelitten. Das Leben des Kardinals wurde schon früh idealisiert, sein Charakter trotz seiner Widersprüche als vorbildlich und heiligmässig dargestellt. Am Anfang dieser Tradition stehen:

– *Emblematische Darstellungen zum Leben Sfondratis* aus den 1690er Jahren: Als postume Erinnerung (?) an Sfondrati entstand in St.Gallen eine emblematische Würdigung seines Lebens und Wirkens. Urheber ist vielleicht Bernhardin Freymüller (F.B.F.), ein ehemaliger Mitschüler, der mit ihm 1660 die Profess abgelegt hatte. Das Manuskript ist nach sechs Titeln eingeteilt:
  1. Marchio Sfondrati (Herkunft und Ausbildung)
  2. Monachus Ord. S. Benedicti (Berufung zum Mönchtum und Aufgaben im Kloster.)
  3. Princeps S. Galli (Ablehnung der Wahl zum Bischof von Novara und Funktionen als Abt von St.Gallen)
  4. Pater Patriae (Politische und kirchenpolitische Tätigkeit)
  5. Ductor Doctorque (Tugenden als Fürstabt und Wissenschaftler)
  6. Mortis Stimulus (Tod und Verklärung)

Auf jede dieser sechs Überschriften folgen sechs mit Emblemen illustrierte Untertitel, denen jeweils Bibelverse und ein Kommentar beigesetzt sind (Handschrift Nr. 1437).

Erklärung zu S.95: Motto des Emblems ist das Bibelwort «Habebat in dextera sua stellas» (In seiner Rechten hielt er [sieben] Sterne, Offb 1,16). Die Federzeichnung zeigt in der Mitte eine rechte Hand als Sinnbild für die Leitungstätigkeit des Abts für die Kongregation. Um sie herum sind die Wappen der Klöster gruppiert: St.Gallen (Bär), Engelberg (Engel), Rheinau (1 Fisch), Disentis (Kreuz), Pfäfers (Taube), Muri (Mauer), Fischingen (2 Fische), Mariastein (mit 2 Knochen), Einsiedeln (2 Raben)

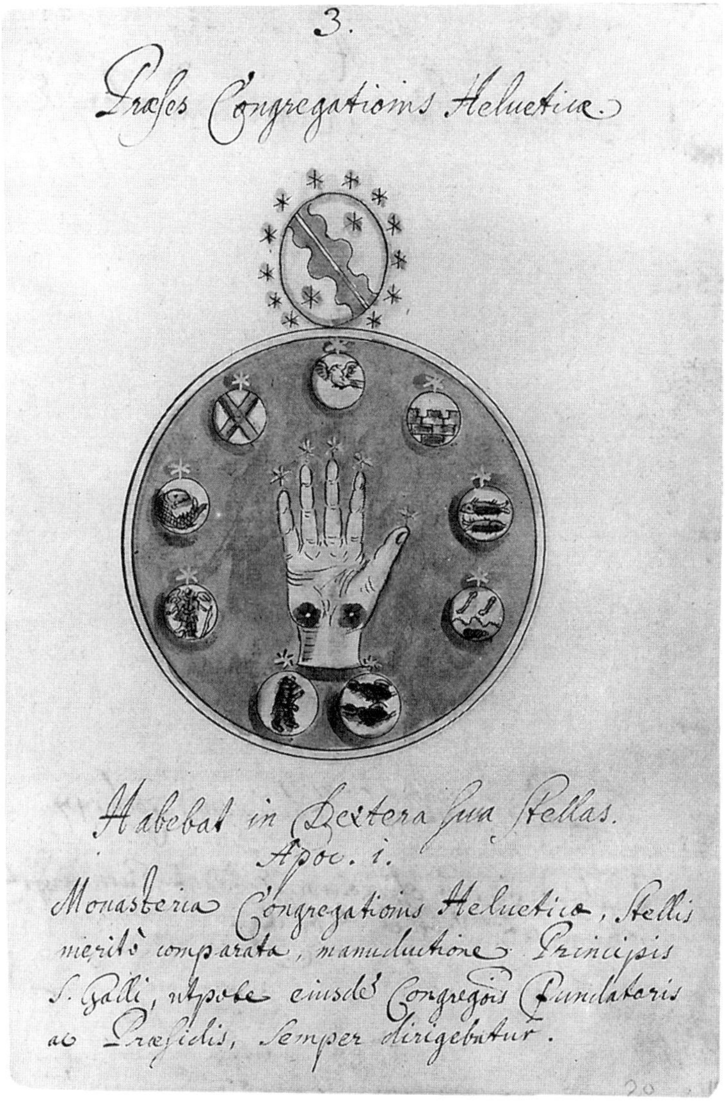

Emblem 4.3. «Praeses Congregationis Helvetiae»
aus den *Emblematischen Darstellungen zum Leben Sfondratis*
entstanden in den 1690er Jahren
(Handschrift Nr. 1437 – 8. Vitrine)

Ebenfalls emblematischer Natur ist das Cölestin Sfondrati gewidmete Gedenkbild im Gang der Stiftsbibliothek, welches um die Mitte des 18. Jahrhunderts vielleicht von Christian Wenzinger gemalt wurde. Gerühmt werden hier vor allem die Streitbarkeit und Gelehrsamkeit des Kardinals, welcher mit dem Zunamen «sapiens» (der Weise) versehen und mit König Salomon verglichen wird.

Der Leib Sfondratis wurde in Santa Cecilia Trastevere bestattet, wo bis heute eine Inschrift an ihn erinnert. Sein Herz, seine Bibliothek und seine Schriften hatte er dem Kloster St.Gallen vermacht. Die Korrespondenz befindet sich im Stiftsarchiv. Von der Privatbibliothek, die in die Stiftsbibliothek gelangte, ist in den heutigen Beständen kaum mehr etwas vorhanden.

– Bibliothekseinband Kardinal Sfondratis: Immerhin ist in einem Fall, dem *Chronicon tragicum sive de eventibus tragicis …* von Carl Joseph Imbonato, ein reich verzierter Originaleinband von Kardinal Sfondrati in der Stiftsbibliothek erhalten geblieben. Es dürfte sich um eines der letzten Bücher handeln, die er seiner Privatbibliothek einverleibte (Bandsignatur: TT m III 25).

Das Herz des Kardinals brachte Stiftsbibliothekar Hermann Schenk am 1. Dezember 1696 nach St.Gallen, wo es neben dem Marienaltar feierlich beigesetzt wurde. Epitaph und Kapsel wurden 1717 von den Zürcher und Berner Truppen auf der Suche nach Wertgegenständen aufgebrochen, blieben aber ansonsten unversehrt und wurden nach Kriegsende von Abt Rudolphi wieder am selben Ort plaziert. Während dem Bau der neuen barocken Klosterkirche befand sich die Reliquie 1761 bis 1784 in der Sakristei. Unter Abt Beda wurde Sfondratis Herz mit einem neuen Epitaph versehen und am 28. Juni 1784 in den Pfeiler beim damaligen Gallusaltar, gegenüber dem heutigen Notkeraltar, eingelassen. Dort befindet es sich noch heute.

Literaturhinweise

Zur Biographie Sfondratis: DUFT/GÖSSI/VOGLER, Abtei St.Gallen (wie Einleitung), S. 165–68. – RUDOLF HENGGELER, Professbuch (wie Einleitung), S. 149–51, 328–31. – AUGUSTINUS EGGER, Jubiläums-Erinnerungen an Kardinal Cölestin Sfondrati, Fürstabt von St.Gallen, St.Gallen 1896. – HERMANN JOSEF DELABAR, Sfondrati (= Nimm und lies! II,153), Einsiedeln [1903]. – ALOIS SCHEIWILER, Kardinal Cölestin Sfondrati, Fürstabt von St.Gallen, in: Schweizer Rundschau 21 (1921), S. 168–86. – JOSEF HÄLG, Coelestin Sfondrati, Fürstabt von St.Gallen und Kardinal (1644–1696), Rom 1942. – BASIL HOFSTETTER, Zur St.Galler Barockscholastik, in: Freiburger Zeitschrift für Philosophie und Theologie 6 (1959), S. 163–169.

9. VITRINE

Der Sankt Galler Klosterplan

Dieser (stets) als Faksimile ausgestellte älteste erhaltene Bauplan Europas (Handschrift Nr. 1092) hat in der seit dem letzten Jahrhundert heftig einsetzenden Forschung zu verschiedensten Interpretationen geführt, vornehmlich was Entstehungszeit, mögliche Vorlagen und Vorbilder sowie Funktion betrifft. Die folgende Zusammenfassung basiert auf den neuesten Erkenntnissen von Werner Jacobsen.

Der Plan besteht aus fünf Blättern von Kalbspergament, die mit Darmfäden zusammengenäht wurden. Auf die so entstandene Fläche von 112 x 77 cm sind mit roten Strichen (und an einzelnen Stellen mit schwarzliniger Überzeichnung) umrissweise die rund 50 Gebäulichkeiten einer Klosteranlage gezeichnet und mit 341 erklärenden lateinischen Beischriften – teils in Prosa, teils in Versen – von zwei Schreibern versehen worden. Nach der wegweisenden Erkenntnis von Bernhard Bischoff ist der Plan auf dem Inselkloster Reichenau von zwei Schreibern beschriftet worden, vom Reichenauer Bibliothekar Reginbert und möglicherweise vom jungen Walahfrid Strabo.

Die etwas verblasste Widmungsinschrift (am oberen Rand des Pergaments oberhalb des Friedhofs) spricht einen Gozbert an (*dulcissime fili cozberte*), für den ein sich nicht nennender Absender diesen Plan als Abschrift von der Gebäudeanordnung gezeichnet (*de posicione officinarum... exemplata*) und persönlich zum Studium zugesandt habe, nicht weil Gozbert Belehrung nötig hätte, sondern in freundlicher Ansehung der Ordensbruderschaft und aus Liebe zu Gott. Das Gallus-Patrozinium des Hochaltars in der gezeichneten Klosterkirche legt nahe, dass mit Gozbert der St.Galler Abt gleichen Namens gemeint ist, der dem Steinachkloster von 816–837 vorstand und 830–835 eine neue Kirche, die Gozbert-Basilika, bauen liess.

Entstanden ist der Plan offenbar kurz vor Beginn des St.Galler Kirchenbaus, um 830. Ein Nebenaltar ist dem hl. Sebastian geweiht, dessen Gebeine in Rom erst 826 erhoben wurden und dessen Patrozinium sich erst mit der vielbeachteten Translation im gleichen Jahr nach Soissons in grösserem Masse ausgebreitet hat. Planverfasser und Absender könnte der Reichenauer Bibliothekar Reginbert, zugleich einer der Planbeschrifter, gewesen sein, der vermutlich Lehrer des jungen Gozbert auf der Reichenau gewesen war. In Frage kommt aber auch der Reichenauer Abt Erlebald (823–828), der später bei der Weihe der neuen Gozbert-Basilika am 17. Oktober 835 an der Spitze des Konvents zugegen war.

Das geistige und geistliche Zentrum des St.Galler Klosterplans bildet die doppelchörige Kirche; die bauliche Mitte ist die an die Kirche gegen Süden angefügte Klausur mit ihren drei je zweistöckigen Gebäudeflügeln, die den quadratischen Innenhof des Kreuzgangs bilden. In die vier Windrichtungen dehnen sich die vier Bezirke aus: Im Norden der vornehme Bezirk mit Gästehaus, Schule und Abtpfalz; nach Osten der stille Bezirk mit Spital, Noviziat und Gärten; nach Süden der werktätige Bezirk mit Werk- und Wohnhäusern; nach Westen der land- und viehwirtschaftliche Bezirk mit den Stallungen.

Der St.Galler Klosterplan erscheint dem aufmerksamen Betrachter wie eine architektonische Umsetzung der nach 500 entstandenen ‹Regula Benedicti›. Einzelne auf St.Gallen bezogene Elemente weisen freilich auch auf irische Spuren vor der Klostergründung hin. So ist der Hochaltar im östlichen Chor der Gottesmutter Maria und dem heiligen Gallus geweiht (*altare sancte Mariae et sancti Galli*), darunter befindet sich die Krypta mit dem Gallus-Grab (*sarcophagum sancti corporis*). Neben den sieben Stufen (*septem gradus*) zum Hochchor liegt links der Altar des heiligen Benedikt, rechts jener des heiligen Kolumban (*altare sancti Columbani*).

Unter den Gebäulichkeiten bietet der Plan auch den ältesten erhaltenen Grundriss einer europäischen Bibliothek und eines Skriptoriums. Sie ist bei der Klosterkirche, im nordseitigen Winkel zwischen dem Ostchor und dem Querschiff, eingezeichnet und trägt die folgenden Anschriften: *Infra sedes scribentium* (d.h. im unteren Geschoss sind die Sitze der Schreiber), *supra bibliotheca* (d.h. im oberen Geschoss ist der Bücherspeicher).

Gegenstück zur Bibliothek auf dem südseitigen Winkel zwischen Ostchor und Querschiff bildet die Sakristei (*subtus sacratorium*), wo auf einem Tisch die heiligen Gefässe (*mensa sanctorum uasorum*) aufbewahrt werden. Im ersten Obergeschoss liegt eine Kammer für die liturgischen Gewänder (*supra uestium ecclesiae repositio*).

Während die ältere Forschung den St.Galler Klosterplan hauptsächlich als Idealplan eines Klosters interpretierte, wie es zur Zeit Karl des Grossen und Ludwigs des Frommen sein musste, um als vorbildlich zu gelten, versucht Jacobsen zu zeigen, dass jedenfalls die auf dem Plan rotlinig gezeichnete Kirche, die schwarzlinige Überzeichnung ihrer Ostteile sowie die inschriftlich geforderten Masse «eine ernstzunehmende und sogar verbindliche Bauanleitung» für die Gozbert-Basilika darstellen. Aus der Widmung spreche «nicht ein allgemeingültiger und vielfach kopierter ‹Musterplan›, sondern vielmehr ein speziell für Gozbert vom Planabsender angefertigter Bauvorschlag». Damit fällt auch die immer wieder behauptete These dahin, der St.Galler Klosterplan sei eine Kopie eines älteren Idealplanes, der aus der anianischen Reformbewegung, insbesondere aus den Aachener Reformsynoden von 816/17, hervorgegangen sei. Nach Jacobsen können weder die doppelchörig gezeichnete Plankirche noch die inschriftlich ‹korrigierende› Masskirche mit schwarzliniger Überzeichnung in einem unmittelbaren Zusammenhang mit der anianischen Reform gesehen werden.

Literaturhinweise

Faksimile-Wiedergabe, hrsg. vom Historischen Verein des Kantons St.Gallen, St.Gallen 1952. – Dazu HANS REINHARDT, Der St.Galler Klosterplan (= 92. Neujahrsblatt, hrsg. vom Historischen Verein des Kantons St.Gallen), St.Gallen 1952 (Neudruck 1983). – JOHANNES DUFT (Hrsg.), Studien zum St.Galler Klosterplan (= Mitteilungen zur Vaterländischen Geschichte 42), St.Gallen 1962. – WALTER HORN und ERNEST BORN, The Plan of St.Gall. A Study of the Architecture and Economy of, and Life in a Paradigmatic Carolingian Monastery, 3 Bde., Berkeley / Los Angeles / London 1979. – KONRAD HECHT, Der St.Galler Klosterplan, Sigmaringen 1983. – ALFONS ZETTLER, Die frühen Klosterbauten der Reichenau. Ausgrabungen – Schriftquellen – St.Galler Klosterplan, Sigmaringen 1988. – ALFONS ZETTLER, Der St.Galler Klosterplan. Überlegungen zu seiner Herkunft und Entstehung, in: Charlemagne's Heir. New Perspectives on the Reign of Louis the Pious (814–840), hrsg. von PETER GODMAN und ROGER COLLINS, Oxford 1990, S. 655–686. – WERNER JACOBSEN, Der Klosterplan von St.Gallen und die karolingische Architektur. Entwicklung und Wandel von Form und Bedeutung im fränkischen Kirchenbau zwischen 751 und 840, Berlin 1992 (Zitat S. 322). – WALTER BERSCHIN, Der St.Galler Klosterplan als Literaturdenkmal, in: Euphrosyne, N. S. 22(1994), S. 283–290.

10. VITRINE

Mittelalterliche Kostbarkeiten der Stiftsbibliothek

Unabhängig vom Thema der Jahresausstellung präsentiert die Stiftsbibliothek jeweils in einer Vitrine sechs Zimelien aus ihren Beständen. Nach dem Alter geordnet handelt es sich um folgende Kostbarkeiten:

- *Vocabularius Sancti Galli:* Dieses unscheinbare Büchlein gehört wie der ebenfalls in St.Gallen erhaltene *Abrogans* zu den ältesten erhaltenen lateinisch-deutschen Glossaren und damit zu den frühesten Zeugen der deutschen Sprache. Im Unterschied zum *Abrogans* (Handschrift Nr. 911), welcher auf italienischem Einfluss beruht, weisen die Wurzeln des *Vocabularius* nach England, wo im 8. Jahrhundert im Anschluss ans Werk von Beda Venerabilis klösterliche Kultur und Wissenschaft in grosser Blüte standen. Britische Missionare, darunter Bonifatius und Willibrord, christianisierten damals weite Teile Deutschlands und brachten christlich-klösterliche Gelehrsamkeit mit sich. Unser *Vocabularius* ist um 790 wohl von einem angelsächsisch beeinflussten Mönch in Murbach geschrieben worden. Format (10x9cm), Schrifttyp und Inhalt legen die Vermutung nahe, es handle sich um das Handwörterbüchlein eines nicht-deutschsprachigen Missionars.
  Die Tatsache, daß der *Vocabularius* bis heute erhalten geblieben ist, grenzt angesichts der Kleinheit der Handschrift an ein Wunder. Umso bedauerlicher ist, daß er vor noch nicht allzu langer Zeit, zwischen 1988 und 1990, Opfer eines Diebstahls wurde. Ein Blatt mit den Seiten 199/200, auf dem sich die vielleicht ältesten Nennungen der althochdeutschen Wörter für Vater («fater»), Mutter («moter»), Bruder («proder»), Schwester («suester») befinden, wurde von einem bislang unbekannten Täter herausgerissen. Das Bild der zwei Seiten ist nebenstehend vom glücklicherweise vorhandenen Mikrofilm reproduziert (Handschrift Nr. 913).

- Der *Wolfcoz-Psalter*, eine Haupthandschrift der ersten grossen Zeit st.gallischer Schreibkunst, um 830/840: Der *Wolfcoz-Psalter* gehört zusammen mit dem *Wolfcoz-Evangelistar* (Handschrift Nr. 367) zu den schönsten Erzeugnissen früher st.gallischer Buchkunst. In diesen stilsicher kalligraphierten Manuskripten finden sich erstmals in der Geschichte des Klo-

Das zwischen 1988 und 1990 gestohlene Blatt 199/200 aus dem *Vocabularius Sancti Galli*
geschrieben um 790 vielleicht in Murbach
reproduziert ab Mikrofilm
(Handschrift Nr. 913 – 10. Vitrine)

sters künstlerisch vollendete Initialen. Mit ihnen beginnt das «Goldene Zeitalter» St.Gallens, welches etwa hundert Jahre, bis zum Einfall der Ungarn 926 dauert. Die Zuweisung an Wolfcoz gründet auf einem von fremder Hand in den Text eingefügten Vers. Mit ihm als mutmasslichem Leiter des st.gallischen Skriptoriums werden alle vor 850 in der breiten alemannischen Minuskel geschriebenen St.Galler Handschriften in Verbindung gebracht. Die Identität von Wolfcoz ist freilich unsicher, obwohl im zweiten Viertel des 9. Jahrhunderts ein Urkundenschreiber gleichen Namens auftritt (Handschrift Nr. 20).

– *Große Hartmut-Bibel:* Der von Karl dem Grossen verordnete Wechsel von der alemannischen zur karolingischen Minuskel wurde in St.Gallen vergleichsweise spät, erst um die Mitte des 9. Jahrhunderts, vollzogen. Das Kloster stand zu jener Zeit in höchster Blüte und entwickelte unter Hartmut, zunächst Dekan (849–872) und später Abt (872–883), eine eigene Ausprägung dieser Schrift, die sogenannte «Hartmut-Minuskel». Aufgrund der ebenfalls unter Karl dem Grossen um 800 angefertigten sogenannten Alcuin-Bibel, deren älteste noch erhaltene Abschrift die Stiftsbibliothek besitzt, wurde nach 850 in St.Gallen unter Beizug hier vorhandener älterer Bibelzeugen ein eigenständiges Bibelkorpus geschaffen. Die achtbändige *Große Hartmut-Bibel* bot eine ausgezeichnete Ausgabe des Bibeltexts. Das Werk ist meisterhaft geschrieben und mit roten Titeln und Initialen in Gold und Silber verziert. Ausgestellt ist der letzte der fünf noch erhaltenen Bände mit Apostelbriefen, Apostelgeschichte und Apokalypse (Handschrift Nr. 83).

– *Evangelium longum:* Dieses Evangelistar enthält die nach dem Kirchenjahr geordneten Evangelienlesungen, die der Diakon im Hochamt zu singen hatte. Über die Entstehung dieser Zimelie, die nicht zuletzt wegen ihres Elfenbeineinbands bekannt ist, sind wir ausserordentlich gut unterrichtet, vor allem durch Ekkehards *Casus Sancti Galli.* Abt Salomon übergab demnach im Jahr 894 dem Künstlermönch Tuotilo zwei grosse Elfenbeintafeln, welche aus dem Besitz Karls des Grossen stammten, mit dem Auftrag, daraus einen Bucheinband zu schnitzen und diesen mit Edelsteinen aus dem Besitz seines Freundes Erzbischof Hatto von Mainz zu schmücken. Den Schreiber Sintram, einen Meister seines Fachs, beauftragte er mit der Niederschrift des Texts. Salomon selbst soll die beiden Prunkinitialen «L[iber Generationis]» (S. 7) und «C[um esset desponsata» (S. 11) geschaffen haben. Ekkehard charakterisiert das Werk mit den Worten: «Es ist dies ein Evangelienbuch und eine Schrift, dergleichen es unseres Erachtens nicht mehr geben wird. Denn in diesem einen Werk er-

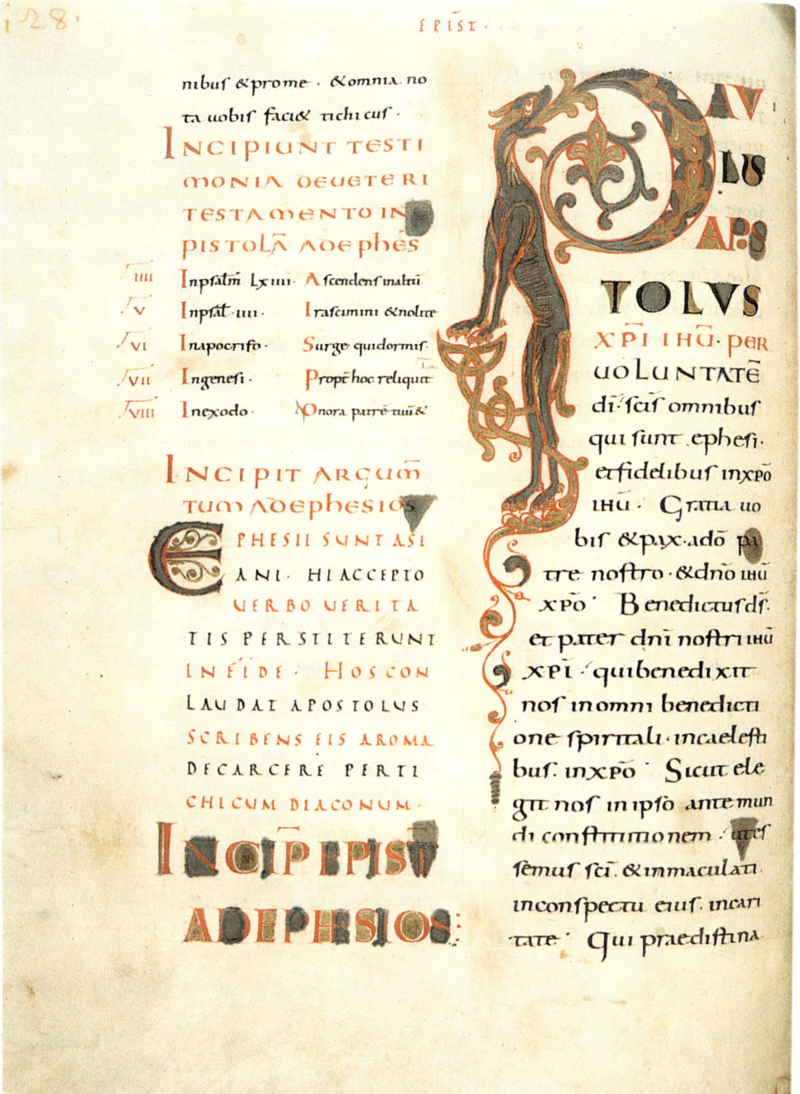

Anfang des Briefs des Apostels Paulus an die Epheser
aus der nach 850 geschaffenen *Großen Hartmut-Bibel*
(Handschrift Nr. 83, S. 128 – 10. Vitrine)

lebt die Kunst Sintrams, dessen Finger ja alle Welt diesseits der Alpen bewundert, bekanntlich ihren höchsten Triumph.» (Kapitel 28). 954 wurde – auch darüber berichtet Ekkehard – der hintere Einbanddeckel beschädigt, nachdem er im Zorn vom St.Galler Mönch Victor auf den Boden geworfen worden war (Kapitel 74). Die Spuren sind bis heute sichtbar, so besitzt die reparierte Goldfassung einen anderen Farbton. Die von Tuotilo beschnitzten Elfenbeintafeln zeigen auf dem beschädigten Hinterdeckel die Himmelfahrt Mariens oben und die älteste Darstellung der Geschichte von Gallus mit dem Bär unten, auf dem unversehrten, mit Edelsteinen verzierten Vorderdeckel ein Bild der Maiestas Christi (Handschrift Nr. 53).

– *Sakramentar aus dem 11. Jahrhundert:* Das Goldene Zeitalter des Klosters war 926 mit dem Einfall der Ungarn zu Ende gekommen. Nach längerer Zeit verminderter Buchproduktion erlebte die St.Galler Buchkunst im 11. Jahrhundert mit dem sogenannten «Silbernen Zeitalter» einen neuen Aufschwung. Nun stand die Liturgie, die offenbar unter Abt Nortpert (1034–1072) neu belebt wurde, im Zentrum. Zu den schönsten St.Galler Handschriften jener Zeit gehört ein um die Mitte des 11. Jahrhunderts entstandenes Sakramentar mit den Gebeten des Messzelebranten. Die bildliche Ausstattung zu den kirchlichen Hochfesten verrät den Einfluss der grossen Werke der Reichenauer Buchmalerei (Handschrift Nr. 340).

– *Stundenbuch aus dem alten Bistum Basel:* Dieses auf unbekannten Wegen in die Stiftsbibliothek gelangte Stundenbuch ist ein kleines, aber hervorragendes Beispiel frühgotischer Buchmalerei. Es dürfte kurz nach 1235 wohl für eine vornehme Klosterfrau entstanden sein. Dem Textteil vorangestellt sind 14, ursprünglich vielleicht sogar 18 ganzseitige Miniaturen, welche die Geburt Christi, sein Leben auf Erden, sein Gericht am Ende der Welt, das ewige Schicksal der Seelen sowie Tod und Vollendung Marias thematisieren (Handschrift Nr. 402).

Literaturhinweise

Zum *Vocabularius Sancti Galli:* Edition: ELIAS STEINMEYER UND EDUARD SIEVERS, Die althochdeutschen Glossen, Bd. 3, Neudruck, Frankfurt a.M. 1969. – GEORG BAESECKE, Der Vocabularius Sancti Galli in der angelsächsischen Mission, Halle 1933. – ROLF BERGMANN, Die althochdeutsche Glossenüberlieferung des 8. Jahrhunderts (= Nachrichten der Akademie der Wissenschaften in Göttingen, I. philologisch-historische Klasse 1983, Nr. 1), Göttingen 1983.

Die Aussendung des Heiligen Geistes
Pfingstminiatur aus dem *St. Galler Sakramentar*, um 1050
(Handschrift Nr. 340, S. 385 – 10. Vitrine)

Zum *Wolfcoz-Psalter:* BEAT VON SCARPATETTI, Schreiber-Zuweisungen in St.Galler Handschriften des achten und neunten Jahrhunderts, in: Codices Sangallenses (wie Vitrine 2), S. 25–56.

Zur *Hartmut-Bibel:* JOHANNES DUFT, Die Bibel in der Stiftsbibliothek, St.Gallen 1981.

Zum *Evangelium longum:* JOHANNES DUFT UND RUDOLF SCHNYDER, Die Elfenbein-Einbände der Stiftsbibliothek St.Gallen, Beuron 1984. – KARL SCHMUKI, 1100 Jahre Evangelium longum, in: PETER OCHSENBEIN, KARL SCHMUKI UND CORNEL DORA, Vom Schreiben im Galluskloster, St.Gallen 1994, S. 80–88.

Zu den *Handschriften Nr. 340* und *402:* JOHANNES DUFT, Weihnacht (wie Vitrine 5).

Abbildungsnachweis:

Aufnahmen S. 61, 101 und 105: Fotoarchiv der Stiftsbibliothek

Übrige Aufnahmen: Carsten Seltrecht, St.Gallen

Für verschiedene Hinweise danken wir Hanspeter Marti, Engi, Rupert Schaab, Bonn, und Benedikt Zäch, Winterthur. Die Gestaltung der Ausstellung im Barocksaal besorgten Regina Keller und Ruedi Widmer.

Ausgestellte Handschriften

Ausgestellte Drucke

Weitere erwähnten Handschriften